中等职业教育财经类专业基础课教材

GUANLI LILUN YU SHIJIAN

工商管理理论与实践

姜晓辉 主编

东北财经大学出版社
Dongbei University of Finance & Economics Press
大连

图书在版编目（CIP）数据

工商管理理论与实践 / 姜晓辉主编. —大连：东北财经大学出版社，2024.11.—（中等职业教育财经类专业基础课教材）. —ISBN 978-7-5654-5444-8

Ⅰ.F203.9

中国国家版本馆 CIP 数据核字第 20240Z719G 号

东北财经大学出版社出版

（大连市黑石礁尖山街 217 号　邮政编码　116025）

网　　址：http://www.dufep.cn

读者信箱：dufep@dufe.edu.cn

大连永盛印业有限公司印刷　东北财经大学出版社发行

幅面尺寸：185mm×260mm　　字数：200 千字　　印张：10.25

2024 年 11 月第 1 版　　　　2024 年 11 月第 1 次印刷

责任编辑：孙　平　　　　　　　责任校对：刘贤恩

封面设计：张智波　　　　　　　版式设计：原　皓

定价：42.00 元

教学支持　售后服务　联系电话：（0411）84710309

版权所有　侵权必究　举报电话：（0411）84710523

如有印装质量问题，请联系营销部：（0411）84710711

前　言

随着我国经济体制改革的不断深入，工商管理在我国社会主义现代化建设中的重要性日益凸显。经济全球化和市场化的趋势使得企业面临更加激烈的竞争和更多的风险，而科技的迅速发展也给企业管理带来了新的机遇和挑战。掌握科学的工商管理理论和实践方法变得尤为重要。在当今经济环境中，企业迫切需要一批具备全球化视野、综合管理能力、创新思维、数字化技能、团队合作和领导能力的工商管理人才，以应对经济全球化和技术变革带来的挑战和机遇，推动企业的持续发展。

面对新形势、新要求，我们要立足"培养什么人、怎样培养人、为谁培养人"这一根本问题，推进党的二十大精神进教材，充分发挥教材的铸魂育人功能，为全面提高人才自主培养质量提供强有力的支撑。

应用能力培养是职业教育改革的重要内容，是工商管理专业学生步入社会的基础。为了使学生深入理解和应用工商管理理论和方法，本书从工商管理的基础理论出发，系统地介绍了计划与决策管理、组织与执行管理、领导与沟通管理、控制管理、创新管理、企业文化、数字化管理等方面的内容。

本书可作为中等职业学校工商管理专业及相关专业的教材，也可供企业管理人员参考。本书内容编排以实用性为主，将理论与实践相结合，通过管理实践指导和案例分析来帮助读者运用所学知识提高管理效能。

本书在编写过程中参阅了近年来有关专家、学者关于工商管理方面研究的著述，在此表示深深的谢意。由于编写时间仓促，加之实践经验有限，书中的缺点和不足之处在所难免，还请读者不吝赐教，在此表示感谢。

编　者
2024 年 7 月

目 录

第一章

工商管理基础理论

学习目标

自古以来，管理一直是人类社会不可或缺的一部分。由于人类具有社会性，我们的生产活动和社会活动都需要通过组织和协调来进行，这就引发了管理的需求。由于共同劳动的普遍存在以及各种社会组织的普遍存在，管理活动成为人类社会中最为普遍的社会实践之一。随着社会的不断发展和进步，管理思想和管理理论也在不断演进和发展。

通过本章的学习，应达到以下目标：

【思政目标】

※培养学生正确的价值观和思想意识，提高学生的政治素质和道德修养，使其具备良好的管理伦理和社会责任感。

【知识目标】

※熟悉管理的实质和职能，理解管理者扮演的角色和应具备的技能，熟悉管理环境，为后续内容的学习打下基础。

※了解管理思想和管理理论的发展历程；熟悉泰勒的科学管理理论与梅奥的人际关系学说的主要内容；掌握现代管理理论的主要思想和方法。

※熟悉企业管理基础工作的内容。

【能力目标】

※能够通过管理的定义，理解管理的实质；能够从被管理者的角度学习专业知识、提升素质；能站在管理者角度思考和解决问题。

※培养学生扎实的理论基础、科学的研究方法，能够对组织、管理者和管理过程进行深入分析，并将理论知识应用于实际问题的解决和决策制定。

※通过管理理论和管理实践的结合，能够为现代企业管理工作提供更多的选择和指导。

第一节　管理概论

一、管理的实质

（一）如何定义并理解管理

管理是指在特定的组织环境中，管理者通过计划、组织、领导、控制、创新等职能，协调组织的各种资源和活动，以实现预期目标的实践过程。

这一表述包含以下几层含义：

（1）管理是一项以实现组织目标为服务对象的有目标活动。在管理中，明确的目标是至关重要的，缺乏明确目标的管理行为将变得无效。

（2）管理工作是由一系列相互关联且连续进行的活动构成的。这些活动包括计划、组织、领导、控制、创新等，它们是管理的基本职能。

（3）管理的对象是组织的各种资源，管理的有效性主要体现在组织资源的投入和产出之间的比较上。因此，管理者必须将提高效益作为管理的目标。

（4）管理的本质是协调。协调是使个人的努力与集体的预期目标相一致，每一项管理职能和决策都需要进行协调，都是为了协调而存在。

（5）管理工作是在特定的环境条件下进行的。一方面，组织需要适应外部环境的变化，并充分利用外部环境提供的机会，以履行社会责任并创造优良的社会物质和文化环境；另一方面，管理方法和形式应根据不同的环境条件进行灵活应变。对于成功的管理来说，审时度势、因势利导和灵活应变都至关重要。

（二）管理的性质

1.管理的自然属性与社会属性

（1）管理具有与生产力直接相关的自然属性，这是由共同劳动的社会化性质决定的。管理是社会化大生产的普遍要求和组织劳动协作过程的必要条件。随着生产力的发展和生产社会化程度的提高，管理的必要性也在增加。由此产生的管理职能，即一般职能，就是合理组织生产力的功能。管理的自然属性表明，在进行社会化大生产的劳动过程中，无论生产关系的性质如何，都需要管理。它的决定因素主要是生产力的发展水平和劳动的社会化程度。因此，管理具有普遍性的属性，体现了在任何社会制度中管理的共同特点。

（2）管理具有与社会关系直接相关的社会属性，这是由共同劳动采取的社会结合方式的性质决定的。管理是维护社会生产关系和实现社会生产目标的重要手段。管理的社会属性主要取决于不同的社会经济关系和社会制度的性质，并随着生产关系性质的变化而变化。因此，管理具有特殊性的属性，在不同的社会关系条件下表现出不同的特点。

2.管理的科学性与艺术性

（1）管理的科学性指的是管理作为一种活动过程，具有自身发展的客观规律。通过社会实践和科学研究，人们不断总结经验，提出问题，验证推理，从中抽象总结出反映管理活动规律的管理理论和方法。这些理论和方法被用来指导社会实践，并通过管理活动的结果来验证这些理论和方法的正确性。管理的科学性在实践中得到验证和发展。

（2）管理的艺术性指的是管理者基于客观规律的认识，灵活应用理论来处理问题的创新能力和技巧。管理艺术需要思维、智慧、谋略、技巧和情感的综合运用。由于管理者所处的环境不同，他们采取的管理方式、方法和手段也会有所差异，因此取得的管理成果也不同。管理艺术强调管理的实践性，没有实践就没有艺术。

3.管理的普遍性与目的性

管理是一种广泛存在于各种活动中的现象。无论哪种类型的组织，哪个层次的管理者，他们的工作都有共同之处，例如，设定目标、制订计划、激励员工和作出决策等。同时，管理是人类有意识、有目的的合作活动，旨在实现组织设定的目标，实现利益的共赢，这就是管理的目的所在。

二、管理的职能

管理职能即管理的功能。综合国内外管理学者的研究成果，管理的具体职能见表1-1。

表1-1　　　　　　　　　　　　　管理的职能

职能	内容
计划职能	计划是指事先对未来行动进行安排，包括确定组织的目标和制订实现这些目标的方案。在任何管理活动中，计划都是首要的职能
组织职能	组织是将组织的各种资源、要素和环节通过劳动分工和协作，并且根据时间和空间的相互关系，科学合理地组合在一起，形成一个有机整体，以确保决策目标的实现和计划的有效执行。管理者需要根据组织的战略目标和经营目标来设计组织结构，配置人员和整合组织力量，以提高组织的效率和应变能力
领导职能	领导是指管理者利用组织赋予的权力和个人能力，指挥和影响下属进行各种活动，以实现组织目标的过程。有效的领导要求管理者在合理的制度环境中，针对组织成员的需求和行为特点，运用适当的方式，采取一系列措施来提高和维持组织成员的工作积极性。因此，领导职能包括运用影响力、激励和沟通等方面的工作
控制职能	控制是指管理人员为确保实际工作与计划一致而采取的一种管理活动。这种活动包括按照既定的计划、目标和标准进行检查，发现差异，分析原因，采取措施，及时纠正偏差，以确保组织目标的实现。控制是管理过程中不可或缺的职能，没有控制就无法有效地进行管理
创新职能	将创新作为一种管理职能是一种新的认识。创新是社会发展的动力源泉，通过不断的创新，人类社会取得了进步和发展，同时，人类自身也在不断的创新中不断完善

各项管理职能的相互关系如图1-1所示。

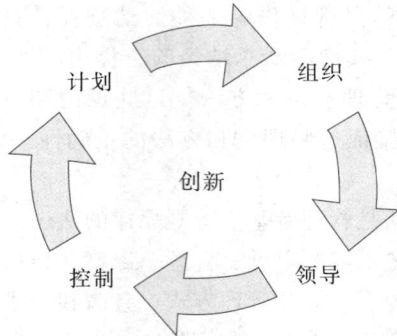

图1-1　管理职能循环图

三、管理者

管理者是指在组织中行使管理职能、通过协调他人的活动以实现组织目标的人。

（一）管理者的层次分类

根据管理层次的不同，一个组织的管理者可以分为高层管理者、中层管理者和基层管理者。同时，在管理者层次之下还有作业人员，如图1-2所示。

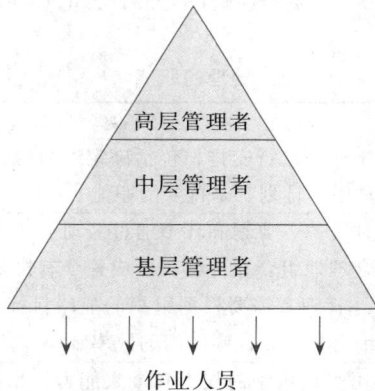

图1-2　管理者层次分类

（二）管理者的领域分类

组织中的管理者通常可以分为两类：综合管理者和专业管理者，是根据其从事的管理工作领域进行划分的。

（1）综合管理者是负责管理整个组织或组织中某个事业部全部活动的管理者。

（2）专业管理者，也称为职能管理者，负责组织中某一专门管理职能的管理者。根据他们所从事的专业领域的不同，可以具体划分为研发部门管理者、生产部门管理者、营销管理部门管理者、财务部门管理者、人事（人力资源）部门管理者等，如图1-3所示。

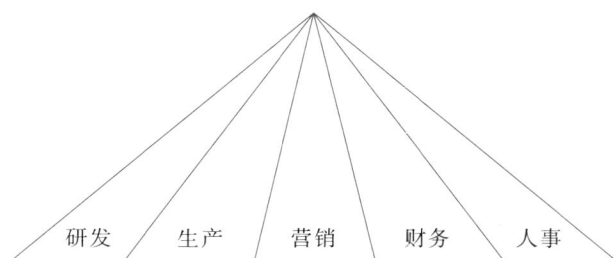

图1-3　专业管理者领域分类图

（三）管理者的角色

1.人际角色

管理者通过其正式权力基础直接产生人际角色。在处理与组织成员和其他利益相关者的关系时，管理者扮演着不同的人际角色，如图1-4所示。

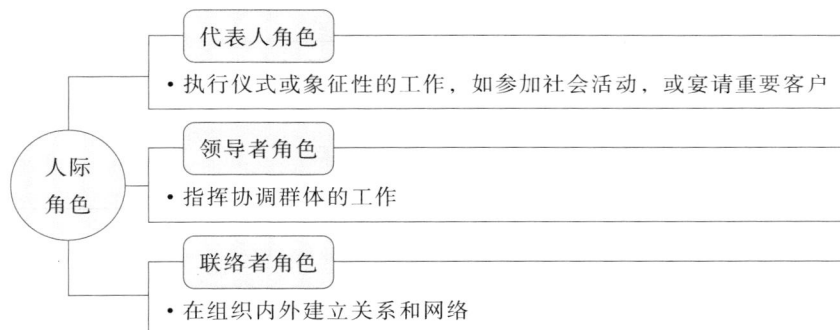

图1-4　管理者所扮演的三种人际角色

2.信息角色

由管理的性质决定，管理者既是组织内信息传递的中心，也是组织内其他工作小组的信息传递渠道，如图1-5所示。

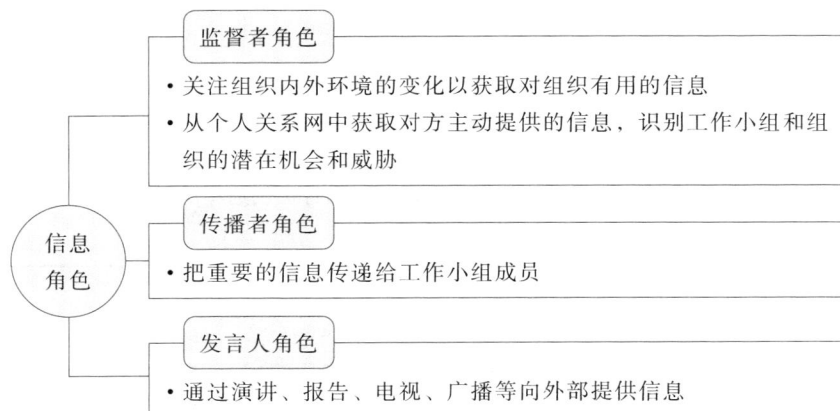

图1-5　管理者所扮演的信息角色

3.决策角色

在决策角色中，管理者处理信息并得出结论，如图1-6所示。

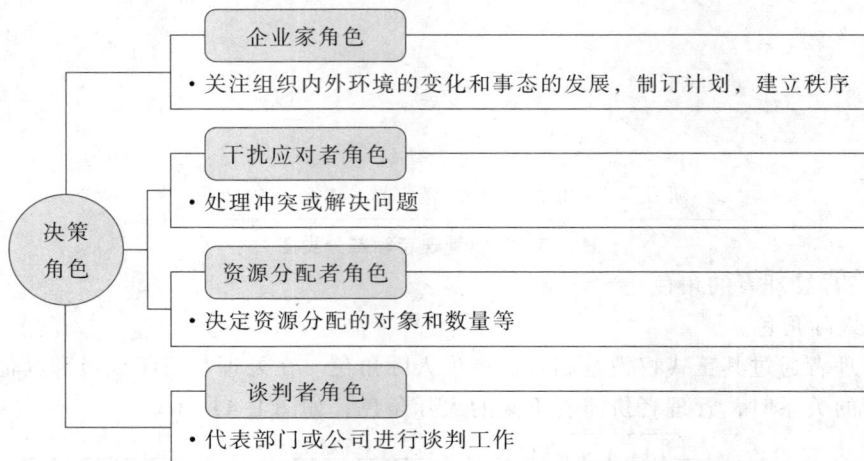

图1-6　管理者所扮演的决策角色

（四）管理者的技能

管理者的技能见表1-2。

表1-2　　　　　　　　　　　管理者的技能

技能	内容
技术技能	指管理者在监督专业领域过程、惯例、技术和工具时所具备的能力。举例来说，负责监督会计人员的管理者必须具备会计知识和技能
人际技能	指成功地与他人交往和沟通的能力。这包括领导下属和处理不同团队间关系的能力。作为管理者，必须能够理解个人和团队之间的关系，与他们合作，并与他们保持良好的关系，以建立团队精神。管理者作为团队的一员，其工作能力取决于人际技能的运用
概念技能	指能够设想和处理观点，并将关系抽象化的能力。具备概念技能的管理者通常将组织视为一个整体，并了解各个部分之间的相互关系。他们能够准确把握工作单位和个人之间的相互关系，并深刻理解行动的后果，以正确行使管理的各项职能。强大的概念技能有助于管理者识别问题、制订可供选择的解决方案、选择最佳方案并付诸实施

📖 **案例1-1**　　　　　　　　　　　　**下属眼中的马化腾**

在商界曾经流传着这样一种说法：在管理一家大企业方面，马化腾可能不如某些企业家，但如果给予他们相同的创业资金，马化腾一定会超越他们。这种判断主要基于对公司创始人的信任，但同样重要的是，马化腾对于市场的敏感度、对同类产品的取优补劣，在中国互联网领域堪称无人匹敌。换句话说，马化腾知道学习什么，并且懂得在所学到的东西中进行改进。也正是因为如此，在他的领导下，腾讯成为一个巨大的商业帝国，使海角天涯近在咫尺之间。他创造了一个全新的网络世界，给世界带来了颠覆性的体验。

分析：

在中国的民营企业中，像马化腾这样既包容又拉拢，能够选择不同性格和各具特长的人组成一个创业团队，并且在成功开拓市场后仍能保持长期默契合作的情况是很罕见的。马化腾很少强迫自己阅读关于管理方面的书籍，也不会严厉批评犯错的员工。然而，即使是一线普通员工也能够通过公司内部的BBS等与他直接交流，毫无障碍。在下属的眼中，马化腾是一个没有架子的Pony Ma，是公司的精神领袖而不是冷漠的老板。

资料来源：严兆海．总裁商业思维［M］．广州：广东旅游出版社，2019.作者有删改。

各种层次管理者所需要的管理技能比例如图1-7所示。

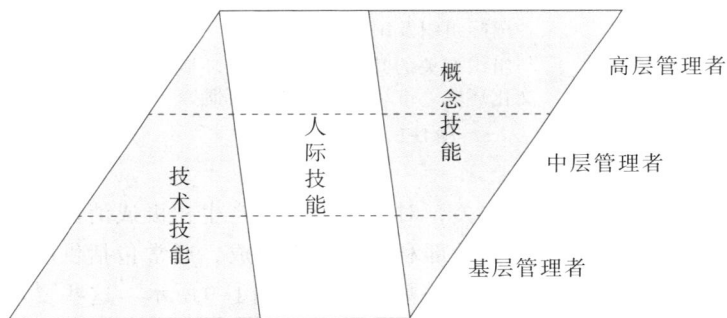

图1-7　各种层次管理者所需要的管理技能比例

根据图1-7，可以得出以下结论：技术技能在基层管理层次上非常重要，在中层管理层次上较为重要，在高层管理层次上相对不那么重要。人际技能在所有管理层次上都具有相同的重要性。概念技能在高层管理层次上最为重要，在中层管理层次上较为重要，在基层管理层次上相对不那么重要。

四、管理环境

管理环境是指对组织的管理活动和决策产生现实和潜在影响的各种因素的综合体。管理环境可以分为外部环境和内部环境。

（一）外部环境

1.一般环境

一般环境是指政治法律环境、经济环境、科技环境、社会文化环境、自然环境和国际环境等（如图1-8所示）。这些一般环境的影响通常是广泛的，可能会影响到某一特定社会中的所有组织，而不仅仅是某个特定的组织。

```
                  ┌─ 政治法律环境 ──┬─ 一个国家的社会制度、政治制度
                  │                └─ 执政党的性质、路线、方针、政策及法律法规等
                  │                ┌─────────────┐
                  │                │ 四个构成要素 │
                  │                ├─ 社会经济结构
                  │       经济环境 ─┼─ 经济发展水平
                  │                ├─ 经济体制
                  │                └─ 宏观经济政策
                  │                ┌─────────────┐
                  │                │ 四个基本要素 │
     一般环境 ─────┤                ├─ 社会科技水平
                  │       科技环境 ─┼─ 社会科技力量
                  │                ├─ 国家科技体制以及国家科技政策
                  │                └─ 科技立法
                  │                ┌─ 一个国家或地区的社会阶层的形成和变动、人口情况、国民受教育
                  ├─ 社会文化环境 ──┤   程度和文化水平、宗教信仰、风俗习惯、审美观念及价值观念等
                  ├─ 自然环境 ── 组织所在地区的位置、气候条件及资源状况等
                  │                ┌─ 组织所在国以外的所有可能对组织产生影响的因素，如汇率、各
                  └─ 国际环境 ─────┤   种国际组织及国际协定
                                   └─ 与组织有关的其他国家的政治环境、经济环境、法律环境、社会
                                      文化环境、市场环境及商业习惯等
```

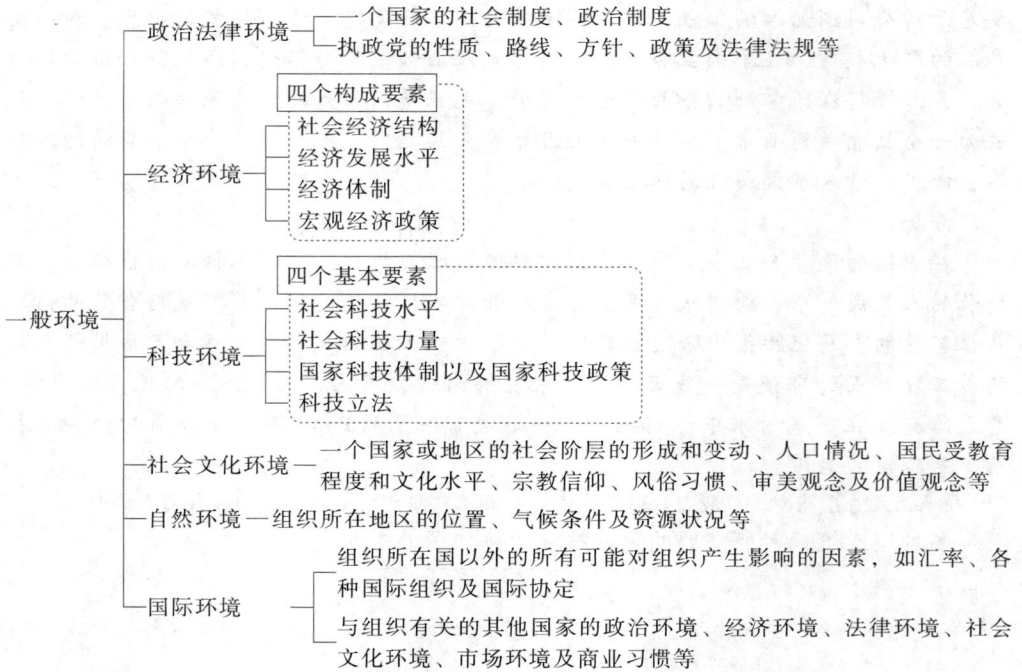

图1-8　一般环境

2.任务环境

任务环境是指与组织直接相关，对其实现目标产生积极或消极影响的环境。任务环境主要由关键顾客群及其他外部利益相关者组成，通常包括供应商、客户或顾客、竞争者、政府机构以及特殊利益集团等，如图1-9所示。这些要素对组织的绩效产生重要影响。

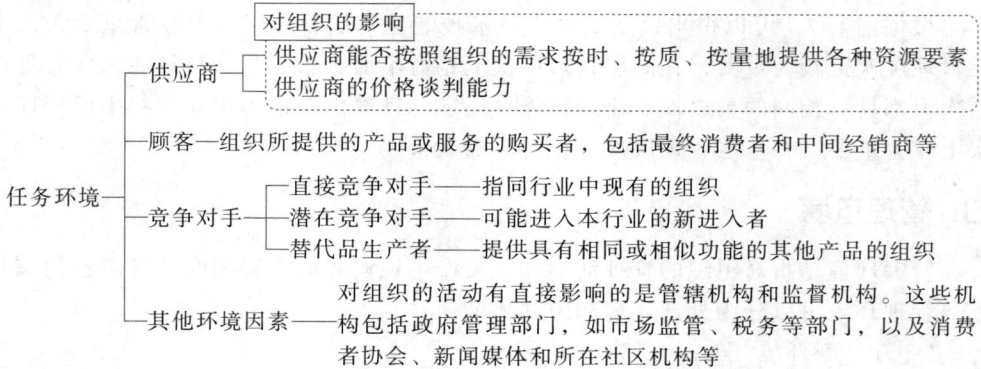

```
                  ┌─────────────────────────────┐
                  │         对组织的影响          │
                  ┌─ 供应商 ──┬─ 供应商能否按照组织的需求按时、按质、按量地提供各种资源要素
                  │          └─ 供应商的价格谈判能力
                  │
                  ├─ 顾客 ── 组织所提供的产品或服务的购买者，包括最终消费者和中间经销商等
     任务环境 ─────┤          ┌─ 直接竞争对手 ── 指同行业中现有的组织
                  ├─ 竞争对手 ┼─ 潜在竞争对手 ── 可能进入本行业的新进入者
                  │          └─ 替代品生产者 ── 提供具有相同或相似功能的其他产品的组织
                  │                ┌─ 对组织的活动有直接影响的是管辖机构和监督机构。这些机
                  └─ 其他环境因素 ──┤   构包括政府管理部门，如市场监管、税务等部门，以及消费
                                   └─ 者协会、新闻媒体和所在社区机构等
```

图1-9　任务环境

（二）内部环境

内部环境是指组织内部与战略密切相关的因素，它是制定战略的起点、根据和前提，也是取得竞争优势的基础，如图1-10所示。

组织资源环境——指组织为开展生产经营活动而投入的各种资源的总和

组织能力环境——组织所拥有的各种资源的整合能力
　　　　　　　——判断某种资源和能力能否转化为核心竞争力，有四个基本衡量标准：
内部环境
　　　　　　　　　• 价值性
　　　　　　　　　• 稀缺性
　　　　　　　　　• 难以模仿性
　　　　　　　　　• 不可替代性

组织文化环境——组织的精神文化
　　　　　　　——组织的制度文化
　　　　　　　——组织的物质文化

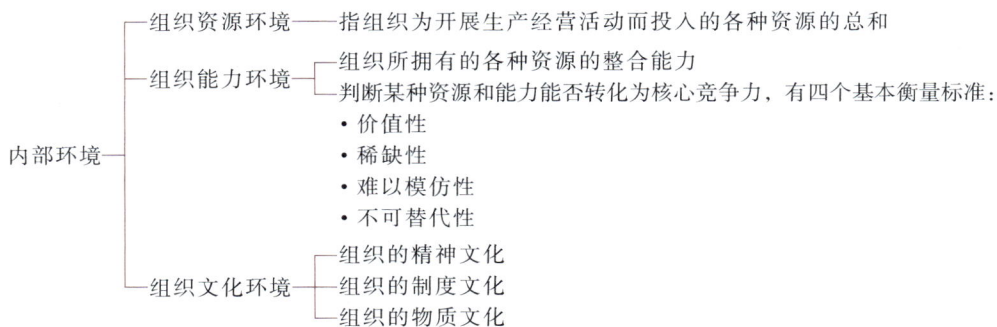

图1-10　组织的内部环境

第二节　管理基本理论的形成与发展

一、古典管理理论

（一）泰勒的科学管理理论

1.工作定额

泰勒提出，管理的核心问题在于提高劳动生产率。为了制定有科学依据的工人的"合理日工作量"，必须进行劳动动作研究和工作研究，通过各种试验和测量来实现。他的方法包括以下步骤：

（1）选择合适且技术熟练的工人，以维持较长年限的速度为标准，而不是依赖于突击活动或持续紧张的速度。在保证工人健康的前提下，研究工人在工作中使用的基本操作或动作的准确序列，以及使用的工具。

（2）使用秒表记录每个基本动作所需的时间，包括必要的休息时间和延误时间，找出完成每项动作的最快方法。同时，消除所有错误动作、缓慢动作和无效动作。

（3）将最快的动作和最适合的工具组合为一个序列，确定工人的"合理日工作量"，即劳动定额。

通过这种方法，泰勒旨在提高劳动生产率，确保工人能够以高效且可持续的方式完成工作。他的方法依靠科学的研究和测量，以找到最佳的工作方式和工作量，从而实现管理的核心目标。

2.实施标准化管理

"合理日工作量"是在标准化作业环境下建立的。工人的合理日工作量是根据标准化的操作环境、工具、机器和材料以及标准的操作方法来确定的。只有符合这些标准，工人才能完成规定的日工作量。因此，我们必须对这些标准进行明确规定，确保所有工作都按照标准进行，实现制度化、规范化和科学化。

3.合理用人

泰勒认为，每个人都拥有独特的才能，不是每个人都适合从事所有工作。这与个人的性格特点和个人的专长密切相关。为了发掘人们的最大潜力，必须让每个人充分发挥自己的才能。健全的人事管理的基本原则是确保员工的能力与工作相匹配。企业管理者的责任是为员工找到最适合他们的工作，培训他们成为一流的专业人员，并激励他们全力以赴工作。在这个过程中，管理者需要了解每个员工的个人特点和技能，以便能够将他们安排到最适合他们的岗位上。这需要进行有效的人才管理和培训，以提升员工的技能和知识。同时，管理者需要采取激励措施，以激发员工的工作动力，使他们能够全力以赴工作，并实现个人与组织的共同目标。

案例1-2   波特夫人的"用人之道"

波特夫人在美国曾经请一位心理学家和一位社会学家对她的部下进行心理特点分析。社会学家得出的结论是，她的部下可以分为两类：一类是线性思考的人，他们直截了当，领导要求他们做什么就会立即行动；另一类是系统思考的人，他们能够从全面的角度看待问题，快速抓住问题的关键，并决定自己的行动。心理学家的结论是，她的部下也可以分为两种类型：一种是热情的人；另一种是喜欢挑毛病的人。

根据这些分析结果，波特夫人作出了相应的人事安排。对于那些既线性思考又热情的人，她将他们安排为技术培训教师，因为这些人乐于教学。对于那些既线性思考又喜欢挑毛病的人，她将他们安排为监督者，因为他们喜欢干涉别人的事情。对于那些既系统思考又热情的人，她将他们安排为领导者或顾问，因为他们有远见并且勤奋工作。对于那些既系统思考又喜欢挑毛病的人，她将他们安排为工头，因为他们能够清楚地看到每个人的工作表现。

分析：

通过这种综合分析和人事安排，波特夫人能够更好地利用她手下员工的特点和能力，使他们在适合的岗位上发挥出最大的价值。这样的管理策略有助于提高团队的效率和工作质量。

资料来源：李海峰，张莹. 管理学基础〔M〕. 2版. 北京：人民邮电出版社，2019.作者有删改。

4.有差别的计件工资制

为了鼓励工人努力工作并完成定额，泰勒提出了一种新的激励性薪酬制度——"有差别的计件工资制度"，前提是在科学制定劳动定额的基础上。"有差别的计件工资制度"意味着根据工人完成定额的程度采取不同的工资率，也即不同的单位产品的工资。对于那些能够在较短时间内完成工作且质量较高的工人，采用较高的工资率进行付酬；而对于那些花费较长时间且质量较差的工人，则采用较低的工资率计算收入。这样的制度可以激励工人更加努力地工作。泰勒认为，工资应该根据工人的实际工作表现和工作量来支付，而不是根据工作职位。无论工人的职位如何，只要完成了规定的工作量，就能够获得相应的报酬。这种制度鼓励工人通过努力工作来提高自己的收入，同时也鼓励工人提升自己的能力和工作效率进而提高生产效率。

5.将计划职能和执行职能分开

为了提高劳动生产率，泰勒主张通过专业分工将计划职能与执行职能分开。泰勒认为，计划职能实质上是管理职能，应由管理当局或管理者建立专门的计划部门来负责。这个部门将进行时间和动作研究，制定科学的定额和标准化的操作方法及工具，制订计划并发布指令。执行职能则是工人的劳动职能，所有的工人和部分工长都要按照计划进行生产。为了实现专业分工，管理人员也需要进行细分。泰勒提出了一种被称为"职能工长制"的管理模式，即将管理工作细分为不同的职能，每个工长只承担一种或两种管理职能。每个工长在其业务范围内有权监督和指导工人的工作。

6.例外原则

泰勒还认为，在规模较大的企业中，高层管理者需要运用"例外原则"。这意味着高层管理者应该将例行的一般日常事务授权给下级管理者来处理，而自己则专注于处理例外情况或重要事项的决策和监督。这种"例外原则"的运用对于帮助经理人员摆脱日常琐事，集中精力进行重大问题的决策和监督非常必要和有益。

管理实践1-1　　　　　　　　　　**丰田公司的"安东绳"**

在丰田汽车的生产线上，有一根被称为"安东绳"的特殊拉绳。这个拉绳的作用是，任何一名员工只要发现异常，就可以拉动绳索，停止生产，以防止次品进入下一道工序。这一拉动安东绳的责任和权力让工人不再仅仅是生产线上的一颗"螺丝钉"，也不再是可以随意替换的"标准化零件"。相反，他们成为被重视的人，拥有独立思考能力和情感。这种做法既继承了科学管理理论的优点，又克服了其在人性论上的不足之处。通过给予员工责任和权力，丰田汽车提高了生产效率并确保了产品质量。这种做法让员工感到被重视和尊重，激发了他们的积极性和创造力。同时，这也促进了员工之间的合作和团队精神，为公司实现可持续发展创造了良好的基础。丰田汽车通过这种人性化的管理方式，建立了一种积极的工作氛围，提升了整个组织的绩效和竞争力。

资料来源：李海峰，张莹.管理学基础［M］.2版.北京：人民邮电出版社，2019.作者有删改。

（二）法约尔的一般管理理论

与科学管理理论不同，法约尔的一般管理理论以组织的整体利益为研究对象，主要内容体现在以下几个方面：

1.企业的经营活动

根据对企业经营活动的长期观察和总结，法约尔提出了一个重要观点：所有的工业企业的经营都可以归纳为六大类基本活动，即技术、商业、财务、安全、会计和管理，如图1-11所示。

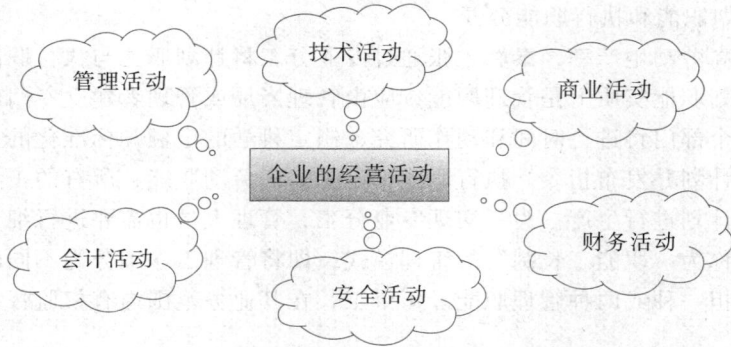

图1-11　企业的六种基本经营活动

2.一般管理理论的十四项原则

（1）劳动分工。劳动分工是指劳动的专业化，可以减少浪费，增加产出，并方便培训工作。法约尔与泰勒一样，认为劳动分工不仅适用于技术工作，也适用于管理活动。

（2）权力和责任相称。权力是下达命令和强制他人服从的职权。权力和责任是相互对应的，两者有着必然的联系。行使权力必须承担责任，而对工作结果负责的人应该被赋予确保成功的权力。不应该出现有权无责或有责无权的情况。

（3）纪律严明。纪律是组织内部的规则和规定，是领导者与下属之间达成的一种言行举止的协议，如服从、勤勉、积极、尊敬等。组织中的所有成员都必须按照协议来控制自己的行为。

（4）统一命令。从下级对上级的角度来看，一个雇员无论采取何种行动，都应只接受一个上级的命令，并向该上级汇报工作。就像任何人都不能为两个"主人"服务一样，双重命令对权力、纪律和稳定都构成威胁。

（5）统一领导。对于追求同一目标的集体活动，只能在一个领导和一个计划下进行。

（6）个人利益服从整体利益。集体的目标必须包含个人成员的目标，但个人和小团体的利益不能超越组织的整体利益。为了确保这一点，管理人员必须树立良好的榜样，与员工达成合理的协议，并进行定期监督。

（7）报酬。报酬和支付方式应公平合理，使员工和公司双方都满意。

（8）适当的集权和分权。增加下级作用的行动被称为分权，减少这种作用的行动被称为集权。然而，集权或分权的多少本身并不能确定管理的好坏，具体要根据不同组织的情况来决定。

（9）等级制度。从最高权力机构到最底层管理人员，存在着不同的等级，即权力等级。上级对直接下级进行指挥，下级接受直接上级的领导。这种等级链表明等级的顺序和信息传递的途径。

（10）秩序。人员、物料等应在适当的时间、适当的职位或适当的地方进行安排，以确保一切工作能够按部就班地进行。

（11）平等。管理人员应平等地对待下属。主管人员如果对下属仁慈和公正，就能激发下属的热心和忠诚。

（12）人员稳定。法约尔主张保持人员的稳定，特别是管理人员不要频繁更换。

（13）主动性（首创精神）。鼓励员工在所有工作中保持热情和积极性。

（14）团结精神。鼓励员工在组织内紧密团结并发扬集体精神。分裂敌人以削弱其力量是明智的，但分裂自己的团队则是反对公司的大罪过。

（三）韦伯的行政组织理论

韦伯在组织管理理论方面作出了重要贡献，他明确而系统地指出理想的组织应以合理合法的权力为基础，这样才能有效地维持组织的连续性并推动目标的实现。为此，韦伯首推官僚组织，并阐述了规章制度是组织良好运作的基础和保障。他的主要管理思想如下：

（1）明确分工。明确分工意味着对每个组织成员的权力和责任都有明确的规定，并将其作为正式职责合法化。

（2）建立权力体系。管理者按照职务的级别进行安排，形成一个自上而下的严密等级的指挥系统，每个职务都有明确的职权范围。

（3）规范录用。人员的招聘完全根据职务要求进行，通过正式的考核、教育和培训来实现。每个职位上的人员必须胜任，并且不能随意解雇。

（4）管理职业化。管理人员有固定的薪水和明确规定的晋升制度，他们是职业管理人员，而不是组织的所有者。

（5）公私有别。管理人员在组织中的职务活动应与私人事务区分开来，公私事务之间应有明确的界限。管理人员没有组织财产的所有权，并且不能滥用职权。

（6）遵守规则和纪律。组织中的所有成员，包括管理人员，必须严格遵守组织的规章制度，以确保一致性。

二、行为科学理论

这里我们主要介绍人际关系学说。

1.梅奥及霍桑试验

梅奥也是人际关系学说的奠基人之一。他在霍桑工厂进行了长达9年的试验研究，这就是著名的霍桑试验。霍桑试验的初衷是尝试通过改善工作条件和环境等外部因素来找到提高劳动生产率的途径。1924—1932年，他进行了四个阶段的试验：照明试验、继电器装配工人小组试验、大规模访谈试验和对接线板接线工作室的研究试验。

（1）照明试验。当时，劳动医学的观点在生产效率方面占据了主导地位，认为疲劳和单调感等因素会影响工人的生产效率。因此，试验的假设是"提高照明度可以减少疲劳，从而提高生产效率"。然而，经过两年多的试验发现，改变照明度对生产效率并没有影响。具体的结果是：当试验组的照明度增加时，试验组和对照组的产量都增加；当试验组的照明度减少时，两组的产量仍然增加，甚至当试验组的照明度降至 0.06 烛光时，产量也没有明显下降；只有当照明度降低到如几乎无法看清的月光般的程度时，产量才急剧下降。研究人员面对这个结果感到困惑，失去了信心。

（2）继电器装配工人小组试验。总体目的是研究福利待遇的变化对生产效率的影响。然而，在经过两年多的试验后发现，无论福利待遇如何改变（包括工资支付方式、优惠措施和休息时间的变化），都不会影响产量持续上升，甚至工人们也无法清楚地解释自己生产效率提高的原因。通过进一步的分析，发现导致生产效率提高的主要原因有两个：首先是参与试验的工人们感到光荣，这表明被重视的自豪感对人的积极性有明显的促进作用；其次是小组成员之间建立了良好的相互关系。

（3）大规模访谈试验。研究者在工厂中开始一个访谈计划，最初的想法是让工人回答关于管理者的规划和政策、工头的态度和工作条件等问题。工人们希望讨论与工作提纲无关的事情，他们认为重要的事情并不是公司或调查者认为的那些。访谈者意识到了这一点，及时调整了访谈计划，不再事先规定内容，每次访谈的平均时间从 30 分钟延长到 1~1.5 小时，更多地倾听，少说话，并详细记录工人们的不满和意见。这个访谈计划持续了两年多，工人们的产量显著提高。长期以来，工人们对工厂的各种管理制度和方法都存在许多不满，却没有地方发泄。而访谈计划的实施恰好为他们提供了发泄的机会。工人们在发泄情绪后感到心情舒畅，士气提高，从而产量得到提升。

（4）对接线板接线工作室的研究试验。梅奥等人选择了 14 名男工进行试验，他们在一个独立的房间里从事绕线、焊接和检验工作，并采用特殊的计件工资制度。最初的设想是，通过这种奖励方式，工人们会更加努力工作以获取更多的报酬。然而，观察结果显示，产量只保持在中等水平上，每个工人的平均日产量差不多，而且工人们并没有如实报告产量。通过深入调查，发现这个班组自发形成了一些规范，以维护群体的利益。他们约定，不能干得太多以突出自己，也不能干得太少以影响整个班组的产量。此外，他们还制定了规章制度，禁止向管理者告密。对违反这些规定的人进行轻度挖苦或严重的身体攻击。进一步调查发现，工人们维持中等水平的产量是因为他们担心产量提高后，管理者会改变奖励制度，或者裁减人员导致部分工人失业，或者导致工作速度较慢的同伴受到惩罚。这个试验表明，为了维护班组内部的团结，工人们可以放弃物质利益的诱惑。因此，试验者提出了"非正式群体"的概念，认为在正式的组织中会形成自发的非正式群体，这些群体有自己特殊的行为规范，对人的行为起到调节和控制的作用，并加强了内部的协作关系。

2.人际关系学说的观点

霍桑试验的研究结果推翻了传统管理理论对人的假设，揭示了工人并非被动、孤立的个体。试验结果表明，工人的行为不仅受到工资激励的影响，而且受到人际关系的影响。因此，梅奥提出了社会人的观点。从经济人到社会人的认识如图1-12所示。另外，梅奥还提出：企业中存在着非正式组织，新的领导能力在于提高工人的满意度。

图1-12　从经济人到社会人的认识

三、现代管理理论

现代管理理论阶段是在科学管理理论和行为科学理论之后，西方管理理论和思想发展的第三阶段。与前一阶段相比，最显著的特点是出现了众多的学派，涌现了许多新的管理理论、思想和方法。

（一）管理过程学派

管理过程学派的创始人是亨利·法约尔，而古典组织理论学派的学者厄威克·古利克等也属于该学派的早期代表人物。在美国，该学派的主要代表人物是孔茨和奥唐奈。管理过程学派的主要特点是将管理理论与管理人员的职能联系起来。他们认为，无论组织的性质如何，管理人员的职能都是相同的。孔茨和奥唐奈合著的《管理学》是该学派的代表作品。他们认为，管理人员的职能可以分为计划、组织、人事、指挥和控制五个方面，并根据这些方面来分析、研究和阐明管理理论。

（二）经验学派

经验学派的代表人物包括德鲁克和戴尔。德鲁克的代表作品有《管理的实践》和《管理：任务、责任、实践》。戴尔的主要著作包括《伟大的组织者》和《管理：理论与实践》。该学派主张通过对经验（即案例）的分析来研究管理学问题。通过对各种成功和失败的管理实践进行分析、比较和研究，可以提取出一些通用的管理结论或原则，以帮助实际工作中的管理人员学习和理解管理学理论，从而更有效地从事管理工作。

（三）系统管理学派

系统管理学派提出了有关整体和个体组织以及运营的观念体系，并应用系统观点来研究管理的基本职能。系统管理学派认为，组织是由许多子系统组成的，作为一个开放的社会技术系统，这些系统既相互独立又相互作用，不可分割，构成一个整体。这些系统还可以进一步划分为更小的子系统。企业是由人、物资、机器和其他资源在特定目标下组成的一体化系统，其成长和发展同时受到这些组成要素的影响。在这些要素的相互关系中，人是主体，其他要素则是被动的。管理人员需要努力保持各部分之间的动态平衡、相对稳定和一定的连续性，以适应情况的变化并实现预期目标。同时，企业实现预定目标不仅取决于内部条件，还取决于外部条件，例如资源、市场、社会技术水平和法律制度等。只有在与外部条件的相互影响中，企业才能达到动态平衡。

（四）决策理论学派

决策理论学派认为，决策是管理全过程的核心，贯穿于管理活动的始终。该学派的代表人物是西蒙。西蒙指出，组织中的管理人员的重要职责就是作出决策。在任何工作开始之前，决策都是必不可少的。制订计划就是一种决策，而组织、领导和控制也离不开决策的支持。在决策标准方面，决策理论学派用"令人满意"的准则来取代"最优化"的准则。传统的管理学家常常将人视为按照"绝对理性"行事、以最优化准则为指导的理性人。然而，西蒙认为实际情况并非如此，这种理性人是不存在的。因此，他提出了"管理人"假设来替代"理性人"假设。根据"管理人"假设，管理人员不考虑所有可能的复杂情况，而只考虑与问题相关的情况。通过采用"令人满意"的决策准则，可以作出令人满意的决策。

（五）管理科学学派

管理科学学派认为，为了解决复杂系统的管理决策问题，可以借助电子计算机作为工具，寻求最佳的计划方案以实现企业的目标。实际上，管理科学是一种数量分析方法，主要用于解决那些可以以数量形式表现的管理问题。它的作用在于通过运用管理科学的方法，降低决策中的风险，提高决策的质量，并确保投入的资源能够发挥最大的经济效益。

（六）权变理论学派

权变理论学派认为，在企业管理中，需要根据企业所面临的内外条件来灵活应变，因为没有一种固定、普遍适用的"最佳"管理理论和方法。该学派从系统的角度考察问题，并以此为理论核心，通过研究组织的各个子系统之间以及组织与环境之间的相互联系，来确定各种变量之间的关系和结构。该学派强调，在管理过程中，需要根据组织所处的内外环境灵活应变，根据具体情况寻求最适合的管理模式、方案或方法。

第三节　现代企业管理的基础工作

一、标准化工作

（一）技术标准

技术标准是指对企业的产品、生产条件、生产方法，以及包装、储存和运输等方面所作的规定。制定技术标准需要经过调查研究、资料收集、起草、试验、修改和确认等一系列步骤。技术标准是企业标准的重要组成部分，包括材料标准、产品质量标准、工艺标准、设备和工具维修标准、安全与环保标准等内容。

（二）管理标准

管理标准是对企业各项管理工作的职责、程序和要求所作的规定，它是确保技术标准得以有效实施的必要条件。企业通常采用图解法来制定管理标准，一般包括管理总体图、管理流程图、岗位工作图、信息传递图和相关文字条例等五个部分。

（三）工作标准

工作标准是指员工按照规定的工作程序，按时、保质保量地完成本岗位的工作任务，具体见表1-3。

表1-3　　　　　　　　　　　　　　工作标准

项目	内容
时间规则	对作息时间、考勤办法、请假程序、交接要求等方面的规定，也包括完成一定工作所需的时间
组织规则	对各个职能、业务部门以及组织机构的权责关系、指挥命令系统、监督和保守机密等内容的规范
岗位规则	对岗位的职责、劳动任务、劳动手段，以及工作对象特点、操作程序和职业道德等方面的具体要求
协作规则	对不同工种、工序和岗位之间的关系，以及上下级之间的连接配合等方面的规定
行为规则	对员工的行为举止、工作用语、着装、礼貌礼节等方面的规定

二、定额工作

定额是在特定的生产条件下，对物力、财力和人力的消耗及占用所作的规定性标准，包括劳动定额、材料消耗定额、物料仓储定额、流动资金定额和管理费用定额等，见表1-4。

表1-4　　　　　　　　　　　　　　定额工作

项目	内容
劳动定额	劳动定额是在特定的生产技术和组织条件下，为生产一定量的产品或完成一定的工作，规定的劳动消耗量的标准。劳动定额可以分为工时定额和产量定额两种形式
材料消耗定额	材料消耗定额是在节约和合理使用材料的条件下，生产单位为生产合格产品所需的材料、半成品、配件以及水、电、燃料等的数量标准。它包括材料的使用量、必要的工艺性损耗和废料数量。制定材料消耗定额的目的主要是利用定额这个经济杠杆，对物资消耗进行控制和监督，以达到降低物耗和工程成本的目的

项目	内容
物料仓储定额	物料仓储定额是指在一定的管理条件下，为了保证生产顺利进行，企业必需的经济合理的物资储备数量的标准。确定物料仓储定额取决于物资周转期和周转量这两个因素
流动资金定额	流动资金定额是对企业或企业内部独立核算单位规定的在正常生产经营情况下，必需的、合理的、最低限度的流动资金占用量的标准。它是筹措流动资金和考核流动资金运用情况的依据。企业所需的流动资金取决于生产经营规模、生产周期、物资消耗、成本水平和流动资金周转速度等因素。在确定流动资金定额时，要确保满足企业正常生产经营活动的资金需求，同时贯彻节约原则，努力减少流动资金的占用
管理费用定额	管理费用定额通常被称为费用开支标准，它是指在企业正常生产经营活动中，为生产一定产品或完成某项工作所规定的必要开支的费用标准

三、计量工作

计量是指使用一种标准的单位量来测定事物或物体的数量。科学的计量方法和手段是获取真实可靠的原始数据、进行严格质量控制、材料管理、成本管理和经济核算的必要条件。如果没有科学的计量方法和手段，严格的经济责任制就只是空谈。计量工作包括以下几个方面：确保计量器具准确可靠；采用科学合理的计量方法；设立专门负责计量工作的检查与监督机构；建立计量管理制度；制定工作程序和奖惩办法等。

四、信息化工作

一般将原始记录、统计分析、技术经济情报、科技档案工作以及数据和资料的收集、处理、传递、储存等管理工作统称为信息工作。现代企业是一个完全开放的系统，及时准确的信息是作出正确决策的基础。企业信息的收集、处理和利用是企业生产经营的重要环节。

五、规章制度

规章制度是企业管理中各种管理条例、章程、制度、标准、办法、守则等的总称。它以文字形式规定管理活动的内容、程序和方法，是管理人员的行为规范和准则，也是全体员工必须遵守的行为准则。企业规章制度并非固定不变，随着企业的发展、技术的更新、管理水平的提高和人们认识的深化，需要进行修改和完善。

六、职工教育

要建立一流的具有竞争力的企业，关键在于人员素质。中小型企业的人员流动性较大，因此培训工作往往被忽视。尽管对员工进行培训可能会损失一些局部利益，但为了企业的长远利益和持续发展，企业必须进行员工培训并建立培训制度。

复习思考题

1.什么是管理？

2.为什么说管理学既是科学又是艺术？管理性质中的科学性和艺术性哪个更重要？

3.管理活动具有哪些基本职能？它们之间的关系如何？

4.管理者应掌握哪几个方面的技能？各项技能的掌握程度对不同层次的管理者来说有无差别？

5.管理理论是如何产生和发展的？

6.泰勒的科学管理理论和梅奥的行为管理理论的区别体现在哪些方面？

第二章

计划与决策管理

■ 学习目标

党的二十大报告提出深入贯彻以人民为中心的发展思想，提出要推动高质量发展、全面建设社会主义现代化国家。在市场调研中，要关注人民的需求和利益，通过深入调研了解市场需求、消费者心理和行为等，为决策提供科学的依据。企业作为推动宏观经济发展的微观主体，在制订和实施计划时要注重市场需求和竞争环境的变化，灵活调整和优化资源配置，加强风险防范和控制，提高经济效益和市场竞争力。决策是制订计划的前提，而计划则是决策的延续和组织落实的过程。通过将组织的活动任务分解给各个部门、环节和个人，在一定时期内为工作提供具体依据，同时也为实现决策目标提供保证。计划也是预算的基础和依据。只有制订明确的计划，才能根据计划要求制定预算，并合理配置资源和资金。通过编制和执行预算，可以将计划中的目标转化为具体的财务指标和预算数值，从而实现对计划的控制和监督。

通过本章的学习，应达到以下目标：

【思政目标】

※强化社会责任意识，引导企业在计划与决策中注重经济、社会和环境的可持续性。

※培养创新精神，提升全球视野，能够在全球化背景下理解和应对国际市场的变化和挑战。

【知识目标】

※了解市场调研的重要性以及决策的基本概念和类型；明确市场调研是为决策服务的，熟悉决策的依据、决策理论；掌握市场调研的工作过程和方法，掌握决策的过程以及常用的决策方法。

※了解计划的基础知识；掌握计划的工作步骤、评价标准以及常用的计划方

法，如滚动计划法、网络计划技术法等；掌握预算编制的程序及方法；理解战略计划的管理层次和过程，掌握目标管理的特点和过程。

【能力目标】

※能够通过市场调研为决策提供有效信息，并能够运用决策知识进行科学决策。

※能够初步具有运用计划的基本知识制订计划的能力，具有目标设定的能力。

※能够初步编制经营预算，会编制销售预算。

※能够初步实施和运用开发能力型目标管理与个人能力型目标管理。

第一节 调研与决策

一、掌握决策基础——调研与环境分析

（一）市场调研的作用

市场调研通过信息媒体将消费者、客户、公众和营销者联系在一起，以确定解决问题所需的信息。这些信息不仅包括以往的经验和对现实环境的分析，还包括对未来可能出现情况的预测。这些信息能够帮助营销管理人员根据从数据中得出的结论和隐含的意义作出科学决策。

市场调研的主要作用可以概括为两个方面：①市场调研是企业了解消费者需求的有力工具；②市场调研在企业的经营决策中起着至关重要的作用。

小思考2-1

市场调研在企业管理中扮演何种角色？

（二）市场调研的工作过程

1.明确市场调研问题

当营销管理决策人员决定实施市场调查后，第一步就是明确营销问题，确定调研内容。营销问题主要包括营销决策问题和市场调研问题这两个虽然不相同但又密切联系的层面，如图2-1所示。

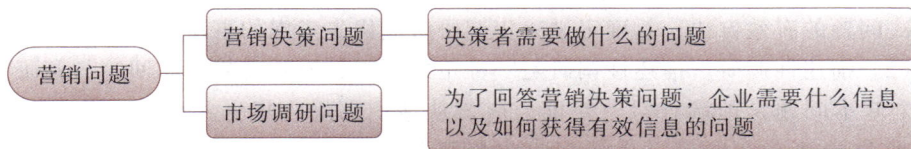

图2-1 营销问题

在界定营销决策问题后，还必须实现从营销决策问题向市场调研问题的转化。为了做好调研选题，将明确市场调研问题的工作分解为识别问题征兆、界定营销决策问题、收集背景信息、明确市场调研问题和明确市场调研内容5个步骤。

（1）识别问题征兆。其主要包括：①销售量（额）的下降、市场份额的降低、利润的下滑、销售订单的减少、顾客忠诚度的下降、投诉的增加，以及竞争者的增加或调整营销策略。②新产品在市场上未得到消费者的认可，销售困难重重。③企业缺乏知名度，产品在市场上竞争力较弱等情况。

（2）界定营销决策问题。应首先确定营销决策问题的范围和方向，然后把问题作进一步细化。

（3）收集背景信息（如图2-2所示）。

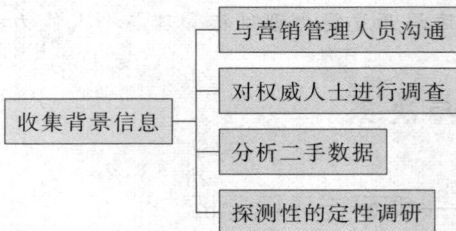

图2-2 搜集背景信息

（4）明确市场调研问题。由于产生营销决策问题的原因多种多样，因此通常针对一个营销决策问题，可以提出多个调研问题。由于资源有限，不可能对所有可能的问题都进行调研。调研人员必须根据产生影响决策问题的最可能原因，并考虑调研问题对决策的用途、成本和技术可行性等因素进行权衡。

（5）明确市场调研内容。调研内容是调研人员对其所需搜集的信息的具体陈述，它准确地告诉调研人员应该搜集什么样的信息来解决营销问题。

2.明确调研类型

（1）探索性调研。探索性调研在图2-3所示情况下采用。

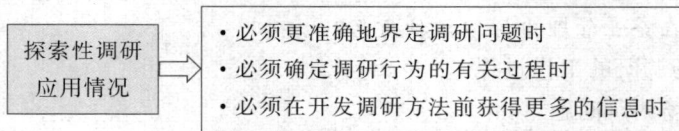

图2-3 探索性调研应用情况

探索性调研可用于以下目的：①更准确地界定或形成调研问题；②确定可供选择的调研程序；③设计假设；④为进一步的检验而分离出关键的变量和关系；⑤了解解决问题的有效方法；⑥确定进一步调研所应优先考虑的事情。

（2）描述性调研。描述性调研是一种正式调查，通常需要明确回答与调研有关的6个基本问题，即调查对象是谁，应该从他们那里收集哪些信息，什么时间收集，收集的地点在哪里，为什么要收集那些信息，应该采用哪些方法收集这些信息。

（3）因果关系调研。因果关系调研可用于以下目的：①理解哪些变量是原因（独立变量），哪些变量是结果（非独立变量）；②判断原因变量和预测结果之间的关系。

3.选择调研方法

（1）观察法。观察法是调查者有目的地观察、记录调查对象的行为、活动、反应、感受，以获取资料的方法，它并不取决于应答者是否愿意提供理想的数据，并且减少了采访员在采访过程中产生的潜在偏差，使观察数据更加准确。

（2）实验法。实验法通常用于研究因果关系，旨在通过控制一项或多项营销变量来研究其对因变量的影响。例如，可以改变不同地区的广告投入，通过观察销量的变化来评估广告的效果。

（3）问卷调查法。调研人员通过问卷调查可以收集到大量资料，利用统计方法进行处理，使其数量化，进行定性、定量分析，并且推断出总体趋势。

4.设计调查问卷

问卷调查运用的关键在于编制问卷、选择被调查对象和分析结果。调查问卷设计的程序如图2-4所示。

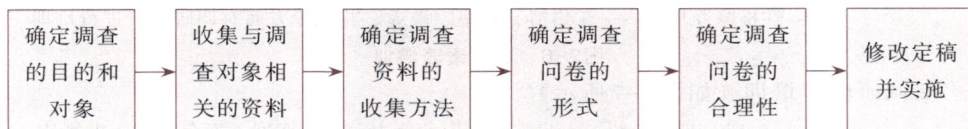

图2-4　调查问卷设计的程序

5.制订市场调研方案

市场调研方案制订是指根据调查研究的目的和调查对象的性质，在进行实际调查之前，全面考虑和安排调查工作的各个方面和阶段，制订出合理的调查实施方案和工作程序。

制订市场调研方案的基本程序如图2-5所示。

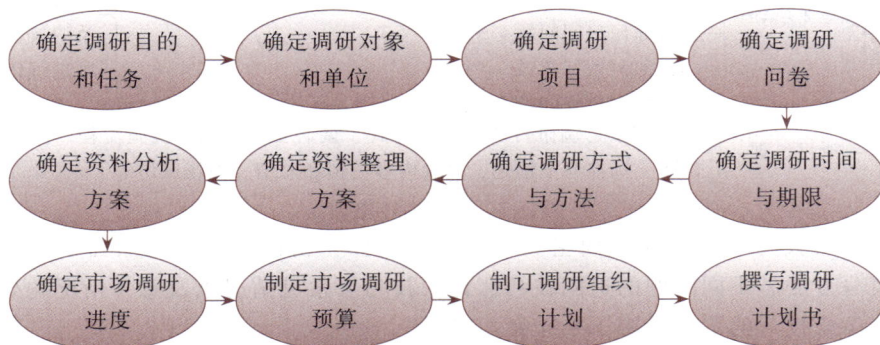

图2-5　制订市场调研方案的基本程序

6.组织和实施市场调研

（1）选择合适的调研机构。企业在选择调研机构时，必须对目标调研机构进行多方位的了解。企业可以向每个目标机构发出征询，先略述调研的项目，请求每个调研机构提供便于企业进行选择的内容。通过对市场调研机构各项目的分析和评估，委托企业可以安排会晤。委托企业经过慎重选择确定调研机构后，便可以委托调研机构进行调研活动。

（2）组建调研团队。市场调研工作通常由专门的市场调研组织、专业的调研团队和人员来承接、组织、实施完成。一般来说，市场调研团队由项目主管、实施主管、调研督导和调研员组成。不同的调研项目需要组建不同结构的调研团队。

（3）培训调研人员。对调研人员进行培训的内容根据调研目的和受训人员的具体情况而有所不同，通常包括职业素养、调研内容、调研技巧和调研程序等几个方面。

①职业素养培训（如图2-6所示）。

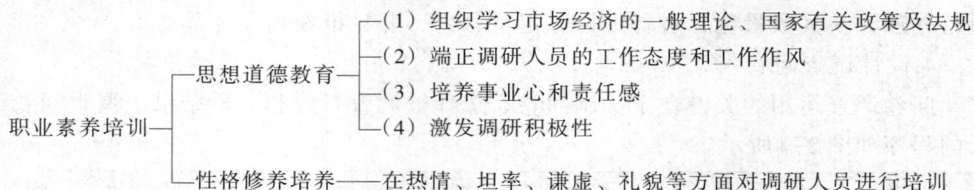

职业素养培训——┬——思想道德教育——┬——（1）组织学习市场经济的一般理论、国家有关政策及法规
　　　　　　　　　　　　　　　　　　├——（2）端正调研人员的工作态度和工作作风
　　　　　　　　　　　　　　　　　　├——（3）培养事业心和责任感
　　　　　　　　　　　　　　　　　　└——（4）激发调研积极性
　　　　　　　　　　└——性格修养培养——在热情、坦率、谦虚、礼貌等方面对调研人员进行培训

图2-6　职业素养培训

②调研内容培训（如图2-7所示）。

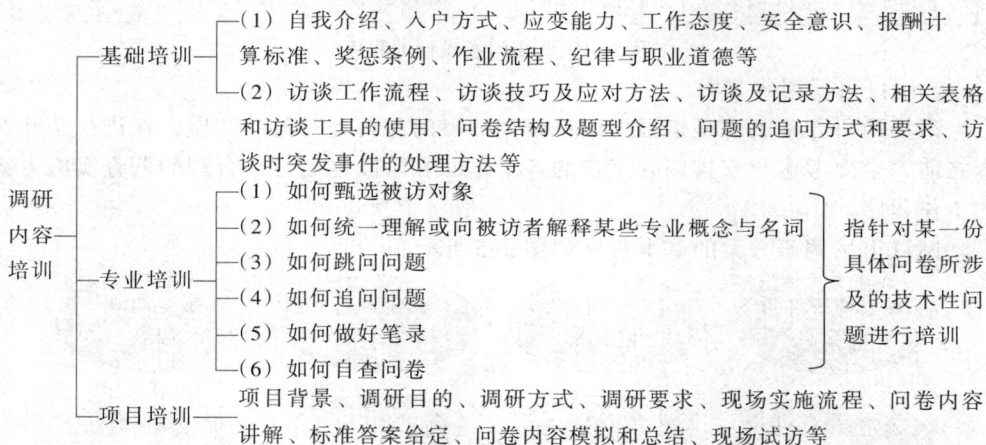

调研内容培训——┬——基础培训——┬——（1）自我介绍、入户方式、应变能力、工作态度、安全意识、报酬计算标准、奖惩条例、作业流程、纪律与职业道德等
　　　　　　　　　　　　　　　　└——（2）访谈工作流程、访谈技巧及应对方法、访谈及记录方法、相关表格和访谈工具的使用、问卷结构及题型介绍、问题的追问方式和要求、访谈时突发事件的处理方法等
　　　　　　　　├——专业培训——┬——（1）如何甄选被访对象　　　　　　　　┐
　　　　　　　　　　　　　　　　├——（2）如何统一理解或向被访者解释某些专业概念与名词　├ 指针对某一份具体问卷所涉及的技术性问题进行培训
　　　　　　　　　　　　　　　　├——（3）如何跳问问题
　　　　　　　　　　　　　　　　├——（4）如何追问问题
　　　　　　　　　　　　　　　　├——（5）如何做好笔录
　　　　　　　　　　　　　　　　└——（6）如何自查问卷　　　　　　　　　　┘
　　　　　　　　└——项目培训——项目背景、调研目的、调研方式、调研要求、现场实施流程、问卷内容讲解、标准答案给定、问卷内容模拟和总结、现场试访等

图2-7　调研内容培训

③调研技巧培训。这方面主要包括地址抽样、访谈形式、对象甄别、持卷姿势、填写方法、不同问题的追问技巧、记录技巧、常见情况以及意外情况的处理技巧等。访谈技巧的培训如图2-8所示。

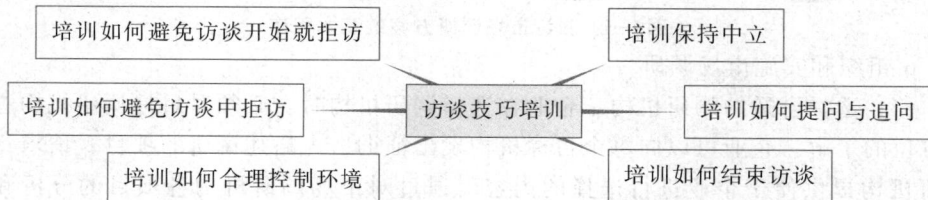

培训如何避免访谈开始就拒访　　　培训保持中立
培训如何避免访谈中拒访　　访谈技巧培训　　培训如何提问与追问
培训如何合理控制环境　　　培训如何结束访谈

图2-8　访谈技巧的培训

④调研程序培训。在正式开始调研项目之前，调研人员需要接受培训，掌握调研内容和技巧等。企业要向他们说明问卷要求、项目进度、酬金标准、项目难度以及赏罚标准，并要求调研人员结合自身情况决定是否参与该项目。在这个阶段，具体任务和流程包括解释问卷问题、统一问卷填写方法、分配任务、准备访谈、陪访、跟访、检查调研结果、统计项目进度、检查问卷、做访谈总结并评价。

知识链接2-1

调研人员应掌握的访谈技巧

（4）管理控制调研。

①明确市场调研管控目标。市场调研管控目标如图2-9所示。

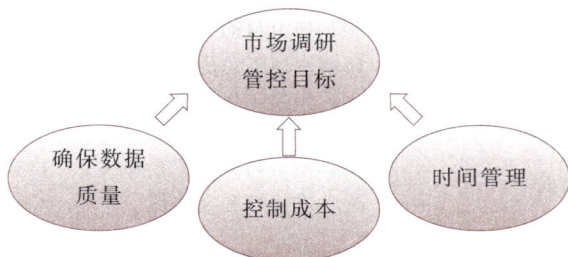

图2-9 市场调研管控目标

②企业对调研过程进行控制与沟通。企业需密切关注调研项目的进展情况。一旦确定了具体的调研执行机构，企业必须参与整个调研项目的实施过程，以发挥监督和沟通的作用，确保调研项目的顺利完成。企业应协助调研机构准确定义调研的主题、范围、方式和技巧，并定期或不定期交换意见，以便及时修改、调整和充实调研工作。同时，企业还需要承担督促和检查的责任。

③调研机构对市场调查相关人员进行管控（如图2-10所示）。

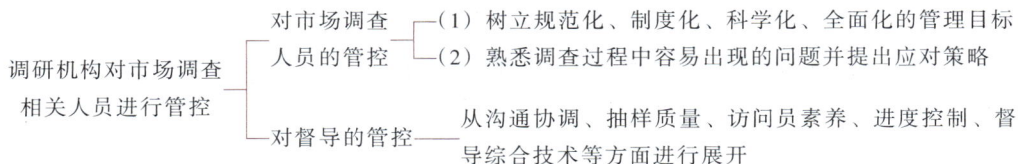

调研机构对市场调查相关人员进行管控
├─ 对市场调查人员的管控
│   ├─（1）树立规范化、制度化、科学化、全面化的管理目标
│   └─（2）熟悉调查过程中容易出现的问题并提出应对策略
└─ 对督导的管控 ── 从沟通协调、抽样质量、访问员素养、进度控制、督导综合技术等方面进行展开

图2-10 调研机构对市场调查相关人员进行管控

④调研机构对调研现场进行管控（如图2-11所示）。

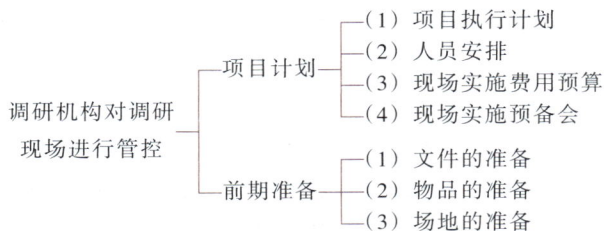

调研机构对调研现场进行管控
├─ 项目计划
│   ├─（1）项目执行计划
│   ├─（2）人员安排
│   ├─（3）现场实施费用预算
│   └─（4）现场实施预备会
└─ 前期准备
    ├─（1）文件的准备
    ├─（2）物品的准备
    └─（3）场地的准备

图2-11 调研机构对调研现场进行管控

⑤调研机构对市场调查项目进度进行管控（如图2-12所示）。

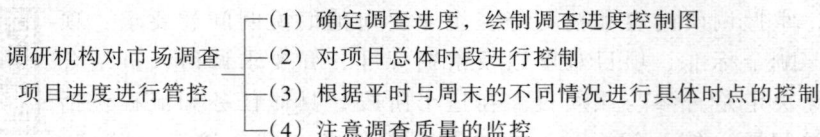

调研机构对市场调查 项目进度进行管控
— （1）确定调查进度，绘制调查进度控制图
— （2）对项目总体时段进行控制
— （3）根据平时与周末的不同情况进行具体时点的控制
— （4）注意调查质量的监控

图2-12 调研机构对市场调查项目进度进行管控

7.市场调研分析与预测

（1）整理调研数据（如图2-13所示）。

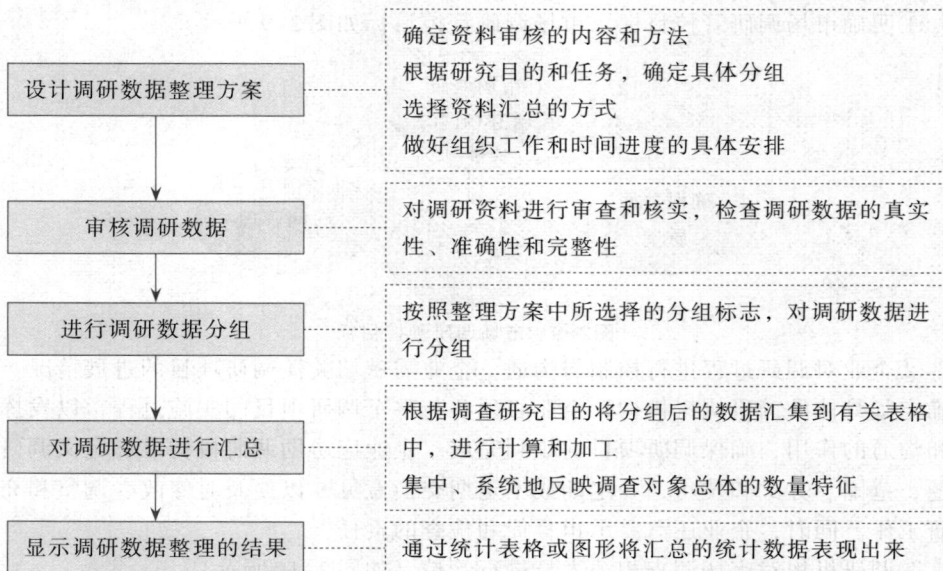

设计调研数据整理方案	确定资料审核的内容和方法 根据研究目的和任务，确定具体分组 选择资料汇总的方式 做好组织工作和时间进度的具体安排
审核调研数据	对调研资料进行审查和核实，检查调研数据的真实性、准确性和完整性
进行调研数据分组	按照整理方案中所选择的分组标志，对调研数据进行分组
对调研数据进行汇总	根据调查研究目的将分组后的数据汇集到有关表格中，进行计算和加工 集中、系统地反映调查对象总体的数量特征
显示调研数据整理的结果	通过统计表格或图形将汇总的统计数据表现出来

图2-13 整理调研数据的步骤

（2）预测市场趋势。其主要包括：①确定预测目标；②搜集资料；③选择预测方法与建立预测模型；④分析预测误差；⑤编写预测报告。

📖 **案例2-1**　　　　　　　　　　华为的"云"战略

根据华为的全球ICT产业愿景（GIV）预测，到2025年，全球的连接数量将达到惊人的1 000亿。这种连接将成为推动社会快速变革的企业基础资源；云服务将极大地提高企业的运营效率，使应用部署时间缩短90%，计算能耗降低87%。预计会有越来越多的企业选择迁移到云端，到2025年，超过85%的企业应用将被部署在云端。随着物联网的发展和大量连接的建立，"云"将成为企业进行数字化转型的必选路径。华为计划将"华为云"发展成全球五大云服务提供商之一，并将长期投资于公共"云"领域，打造未来的云服务联盟。借助技术、安全、服务和分享的核心要素，华为云将协助用户实现数据的价值化。

分析：

在市场经济环境中，企业的生存和进步与市场的动态密切相关。由于市场的变化快速且无常，企业管理者在规划过程中必须进行科学的预测，以获取大量的最新市场动态和发展数据。这些信息将为他们的规划工作提供科学的支持和依据。

资料来源：张永良. 管理学基础［M］. 北京：北京理工大学出版社，2018.作者有删改。

（3）撰写调研报告。图2-14列出了一份正规的调研报告所需包含的所有组成部分。这种正规的格式通常适用于企业内部大型调研项目或调研公司向客户提供的服务项目。对于一些较为简化的报告，可以省略某些组成部分。

扉页
1.市场调研题目
2.市场调研用户
3.市场调研组织者
4.市场调研日期
序言
1.目录
2.简介（项目背景及人员配备）
市场调研结论摘要
1.调研主题简要陈述
2.调研结论简要陈述
3.调研方法简要陈述
4.提出建议简要陈述
报告正文
1.详细的背景介绍
2.调研主体的详细说明
3.调研方法的详细说明
4.调研主题的详细论述过程
5.调研图表解释
得出结论
1.市场调研结论1
2.市场调研结论2
提出建议
1.市场营销建议1
2.市场营销建议2
附录

图2-14　市场调研报告基本结构

（三）调研与决策

调研是决策的前提和基础。通过调研，企业可以及时了解环境变化的情况，认识环境变化的规律，预测环境的发展前景。调研可以为企业经营决策提供有效信息，提高决策的准确性，从而使企业的决策不仅能适应当前环境的要求，还能符合未来环境变化的要求，从而保持企业经营决策的相对稳定性。

二、决策与决策理论

（一）如何定义并理解决策

西蒙认为，管理即决策。决策是管理活动中贯穿始终的核心活动，各项管理职能，如计划、组织、领导、控制和创新均离不开决策的支持。决策的正确性和科学性直接影响着组织的发展，决策能力成为衡量管理者水平的重要标志。

从广义上理解，决策就是作出决定，即为了实现特定目标而进行的行为设计和选择。从狭义上理解，决策指的是社会组织在管理活动中所作出的决定，是社会组织为实现特定目标或解决面临的问题而制订行动方案，并在此过程中进行优化选择的过程。

决策的定义可以从以下三个方面来理解：

（1）决策的主体是管理者，因为决策是管理的一项职能。

（2）决策的本质是一个过程，它涉及一系列的行为和选择。

（3）决策的目的是解决问题或利用机会。这意味着决策不仅仅是为了解决问题，有时也是为了抓住机会。

（二）决策应具备的特点或属性

决策应具备的特点或属性如图2-15所示。

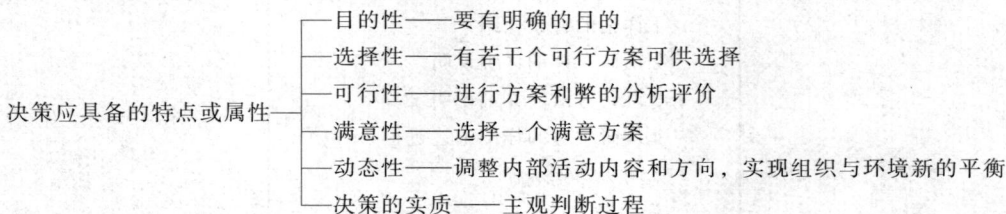

决策应具备的特点或属性
- 目的性——要有明确的目的
- 选择性——有若干个可行方案可供选择
- 可行性——进行方案利弊的分析评价
- 满意性——选择一个满意方案
- 动态性——调整内部活动内容和方向，实现组织与环境新的平衡
- 决策的实质——主观判断过程

图2-15 决策应具备的特点或属性

（三）决策的类型

管理者在决策前，首先应了解所要解决问题的特征，以便按不同的决策类型，采取不同的决策方法，如图2-16所示。

（四）决策理论

1.古典决策理论

古典决策理论认为，应从经济的角度来看待决策问题，即决策的目的在于为组织获取最大的经济利益。古典决策理论的主要内容有：

（1）决策者必须全面掌握有关决策环境的信息情报。

（2）决策者要充分了解有关备选方案的情况。

（3）决策者应建立一个合理的层级结构，以确保命令的有效执行。

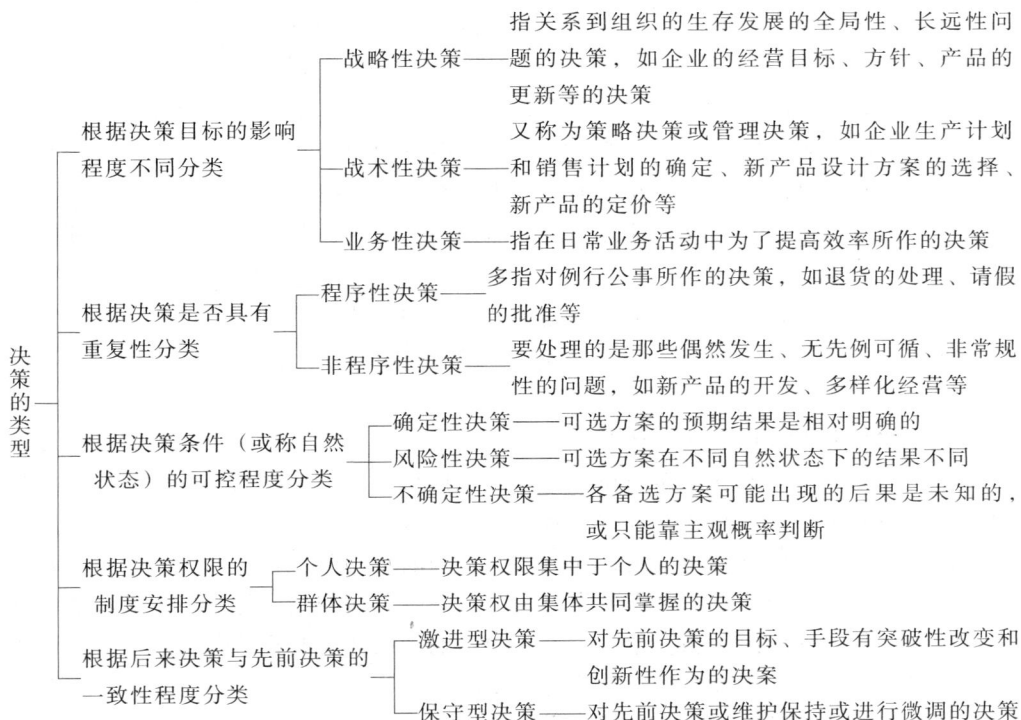

图2-16 决策的类型

（4）决策者进行决策的目的始终在于使本组织获取最大的经济利益。

古典决策理论假设决策者是完全理性的，并且在充分了解相关信息的情况下，能够作出最佳的决策来实现组织目标。然而，古典决策理论忽视了非经济因素在决策中的作用。这种理论无法正确指导实际的决策活动，因此逐渐被更全面的行为决策理论所取代。

2.行为决策理论

行为决策理论的主要内容有：

（1）人是有限理性的，介于完全理性和非理性之间。在高度不确定和复杂的决策环境中，人的知识、想象力和计算能力都是有限的。

（2）决策者在识别和发现问题时，容易受知觉上的偏差的影响。在对未来进行判断时，直觉常常比逻辑分析更多地被运用。知觉上的偏差是指决策者基于有限的认知能力，只将问题的部分信息作为认知对象。

（3）由于决策时间和可利用资源的限制，即使决策者充分了解决策环境的信息情报，也只能尽量了解备选方案的情况，而不可能全部了解。决策者的选择是相对理性的。

（4）在风险型决策中，决策者对待风险的态度比对经济利益的考虑更为重要。决策者通常厌恶风险，倾向于接受风险较小的方案，尽管风险较大的方案可能带来更可观的收益。

（5）决策者往往只追求满意的结果，而不愿费力寻求最佳方案。这种现象有多种原因：①决策者可能不注意发挥自己和别人继续研究的积极性，只在现有可行方案中进行选择；②决策者可能缺乏相关能力，在某些情况下，基于个人因素作出选择；③评估所有方案并选择最佳方案可能需要耗费大量的时间和金钱，这可能得不偿失。

行为决策理论抨击了把决策视为定量方法和固定步骤的片面性，主张把决策视为一种文化现象。

（五）科学决策

决策是在多个选择方案中选取一个作为未来行动的指南，没有决策就没有理性的行动，因此决策是计划工作的核心。计划工作具有主导性，它是组织工作、人员配备、指导与领导、控制工作等的基础。因此，可以说决策是管理的基础。决策是选择行动的过程，而行动则是决策的执行。正确的行动源自正确的决策。对于每个管理人员来说，问题不是是否需要作出决策，而是如何作出更好、更合理、更有效的决策。不同管理层次的决策会产生不同的影响。因此，改进管理决策、提高决策水平，应成为各级主管人员经常关注的重要问题之一。

科学决策包含以下三个方面的内容：

（1）在决策过程中，要严格按照识别问题、确定决策目标、探索可行方案、选优决策的步骤进行科学的决策程序。

（2）依靠专业人员运用科学的决策技术，既要运用"软"技术，也要运用"硬"技术，实现软硬结合。

（3）决策者应采用科学的思维方法进行决断，包括合理的决策标准、有效利用信息系统、系统的决策观念、差异性思维逻辑和民主的决策作风等。

📖 小思考2-2

科学决策在企业计划与决策管理中的实际操作是怎样的？如何应用数据分析和信息收集来支持科学决策？

三、决策过程及影响因素

（一）决策的过程

决策作为一个过程，是时期行为，非时点行为，没有真正的起点，也没有真正的终点，而是一个不断循环的过程，如图2-17所示。

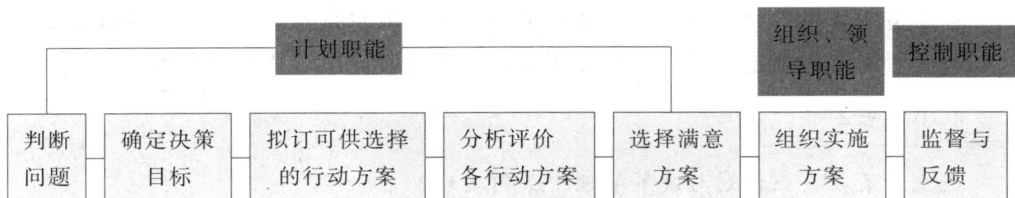

图2-17 决策的过程

1.判断问题

决策是为了解决现实中提出的需要解决的问题或者为了实现需要达成的目标。认识和分析问题是决策过程中最为重要也是最为困难的环节。在企业中，存在着许多问题需要解决，例如如何在市场竞争中发展自己、开发什么样的新产品以及如何筹措开发新产品的资金等。对于一个具有两个或两个以上层次的组织来说，仅仅提出问题是不够的，还需要对这些问题进行分析，明确它们的性质，确定哪些是战略性问题（涉及组织整体），哪些只是局部问题，哪些是非程序性问题，哪些是程序性问题。通过这样的分析，可以确定解决问题的决策层次，避免高层决策者被大量一般性问题所困扰，从而影响对重大问题的决策。现代管理要求管理人员运用现代管理科学的方法，使用分析问题的系统化技术，揭示纷繁现象的本质和核心，使管理决策立足于真正的问题之源。

2.确定决策目标

决策目标是指在一定的环境和条件下，根据预测，对需要解决的问题所希望得到的结果。确定目标的原则有：①根据调研分析的结果、可控程度，确定最高目标；②根据各个目标之间的综合平衡，确定最低目标；③根据组织文化与决策者对该文化的看法，确定最终目标。

3.拟订可供选择的行动方案

为了解决问题和实现决策目标，需要围绕这些目标，根据已有和潜在的条件，充分发挥创造力和想象力，制订多个可供选择的方案。可行方案应具有的条件：①能够实现预期目标；②各种影响因素都能定性与定量地分析；③不可控的因素也大体能估计出其发生的概率。

4.分析评价各行动方案

对已制订的备选方案进行综合评价：①确定价值标准，包括评价指标（最关心的问题）、标准（可行范围）、权重（重要程度）等；②分析评价每个方案的利弊；③比较各个方案的优劣；④综合评价。

5.选择满意方案并组织实施

在对各方案进行理性分析比较的基础上，决策者最后要从中选择一个满意方案并组织实施。

6.监督与反馈

在决策实施过程中，决策者应及时了解掌握决策实施的各种信息，及时发现新问题，并对原有决策进行修订、补充或完善，以适应变化的新形势和条件。

小思考2-3

民主决策在企业计划与决策管理中如何实现？

（二）决策的影响因素

1.环境

环境特点首先影响组织活动的选择。在相对稳定的市场环境中，企业的决策相对简单，可以基于过去的经验来作出大多数决策。然而，如果市场环境复杂多变，企业可能经常面临非程序性的、以往未曾遇到的问题。此外，对环境的习惯反应模式也会影响组织的活动选择。即使在相同的环境背景下，不同的组织也可能作出不同的反应。一旦形成了这种组织与环境之间的关系模式，它往往会变得固定，并影响人们对行动方案的选择。

2.过去的决策

"非零起点"是决策的基本特点，这意味着当前的决策不可避免地受到过去决策的影响。在大多数情况下，组织的决策并非从零开始，而是对之前的决策进行完善、调整或改革。过去的决策成为当前决策的起点。过去选择方案的实施不仅消耗了人力、物力、财力等资源，也带来了内部状况的改变，并对外部环境产生了影响。因此，了解过去决策的影响，并在当前决策中加以考虑，对于组织作出更明智的决策至关重要。这种持续的决策演进可以帮助组织更好地适应变化的外部环境，提高决策的质量和效果。

3.决策者的风险态度

决策是确定未来活动方向、内容和目标的过程。由于人们对未来的认知有限，所以预测的未来状况与实际情况不可能完全相符，这就使得任何决策都存在一定的风险。风险指的是不确定性。人们对待风险的态度有所不同，有些人喜欢冒险，更倾向于选择高风险的方案；而另一些人则不太愿意冒险，更倾向于选择低风险的方案。因此，决策者的风险偏好直接影响着决策的选择。决策者需要考虑风险与回报之间的平衡，权衡不同方案的优劣和潜在的风险。在决策过程中，了解自己的风险偏好是至关重要的，这有助于作出更明智、更适合个人风格的决策。

综上所述，决策中的风险是不可避免的，并且决策者的风险偏好对决策的选择有重要的影响。要作出优秀的决策，决策者需要认识自己的风险偏好并在权衡各种因素时加以考虑。

4.组织成员对组织变化所持的态度

任何决策的制定和实施都会引起组织的变化。对于这种变化，组织成员可能会表现出抵制或欢迎的态度。他们通常根据过去的标准来评估当前的决策，并担心在变化中会失去一些东西，因此可能对即将发生的变化持抵触态度。这种心理抵制可能会对新决策，尤其是创新决策的实施产生灾难性的后果。相反，如果组织成员以发展的眼光来分析变化的合理性，并希望通过变化获得一些好处，他们就会支持变化，这有利于新决策的实施，尤其是创新决策的实施。因此，组织成员对于变化的态度对决策的影响是很大的。在第一种情况下，为了有效实施新的决策，首先必须做大量工作来改变组织成员的态度。这可能包括沟通、培训和激励等方面的努力，以确保组织成员能够理解和支持变化。通过积极引导组织成员的态度转变，可以为新决策的实施创造良好的条件。

实践演练2-1

李宁公司成立于1990年，经过多年发展，公司采取了多品牌业务发展策略。除了自有核心品牌李宁，还拥有乐途品牌、艾高品牌和心动品牌。此外，李宁公司还控股上海红双喜，并全资收购了凯胜体育。

在2008年之前，只有两家中国体育用品公司能够成功获得资本市场的支持并上市。然而，在接下来的两三年内，又有5家中国体育用品公司在中国香港上市。除了本土品牌，还有两家国际体育用品品牌公司在中国市场也有着强大的实力。然而，在2010年12月20日，李宁股价一日跌去23%，市值蒸发近45亿港元，成为李宁自2004年上市以来最惨痛的一天。随后，从2011年5月份开始，原李宁首席品牌官方世伟等公司核心高管陆续离职。2012年，李宁公司纯利大幅下滑。

李宁公司陷入困境的原因可以从决策的角度进行分析。首先，李宁本人在执行自己坚持的体育专业路线时出现了偏差，导致公司的战略执行不够准确。其次，公司原来的董事会在监督战略执行时表现不力，没有及时纠偏管理层的失误。此外，管理层拔高李宁品牌，与国际领先的两个品牌直接竞争，但当时李宁品牌并不具备相应的实力。直到2008年，随着李宁借助奥运会的机会提升了品牌形象，管理层才真正将这种愿望付诸实施。此外，公司主动让出了低端市场，给了其他低价品牌发展的空间。

此外也有分析认为，李宁陷入困境的原因是在品牌重塑和定位90后消费群体的战略决策中存在失误。在这个过程中，李宁过于追求与时俱进，却忽略了丰富李宁品牌内涵的重要性，无法触动90后群体内心最深处的需求。

请回答下列问题：

1.从决策的角度分析李宁陷入困境的原因是什么。

2.如果你是顾问专家，对于李宁先生新一轮的决策，你有哪些建议？

资料来源：魏想明.管理学［M］.武汉：湖北科学技术出版社，2014.作者有删改。

四、现代决策方法

（一）定性决策方法

定性决策方法是一种基于心理学、社会学和创造学等社会科学的方法，它依靠个人经验，发挥人的创造力来分析问题并作出决策。这种方法简单、方便，并且在日常生活中被广泛采用，属于主观决策方法的一种。

1.德尔菲法

德尔菲法是一种采用匿名通信或反复征求意见的方法，旨在让专家们在相互不知晓和隔离的情况下交换意见，并通过技术处理来得出预测结果。使用德尔菲法通常需要进行多轮调查，图2-18展示了德尔菲法的一般程序。

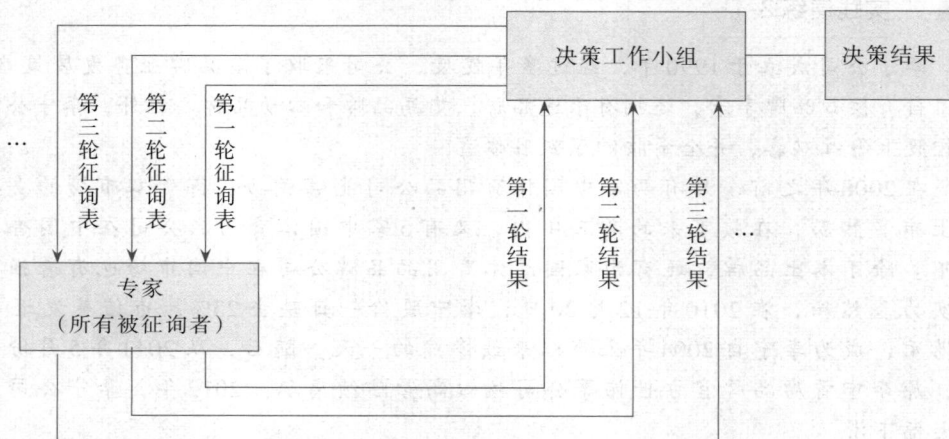

图2-18 德尔菲法的一般程序

第一轮：将意见征询表发送给专家小组的成员，要求他们填写意见。决策小组在收回征询表后进行初步统计和计算，找出具有共识性的意见和观点。

第二轮：将第一轮得到的相对集中的意见反馈给每位专家，要求他们以此为参考重新填写意见。如果某专家的第二轮意见仍与大多数人的意见不一致，他需要提出理由解释为何与多数人意见不同。决策小组在收到征询表后，根据新的数据重新进行统计和计算。

第三轮：将第二轮的统计结果和一些专家的理由告知每位专家，请他们在此基础上提出新的意见。

一般经过三轮或四轮征询后，专家意见会相对集中，此时最后一次征询的结果可以作为专家小组的意见。

2.头脑风暴法

头脑风暴法是一种通过相互启发来产生多种方案的方法。一般来说，头脑风暴小组由5～9人组成。在讨论过程中，参与者被鼓励提出各种建议，并禁止对他人的想法进行批评，以促进创新方案的不断提出。实践证明，头脑风暴法是一种有效激发创造性思维的方法，常用于决策中的方案设计阶段，以获得广泛而富有创意的新想法。然而，头脑风暴法也有一些局限性。它属于直观预测性方法，受与会者个人经验、知识和智力的影响。头脑风暴法适用于解决相对简单、明确定义的问题，例如研究产品名称、广告口号、销售方法和产品多样化等。它也适用于需要大量构思和创意的行业，如广告业。

3.发散思维法

发散思维法是一种通过全新的角度提出解决问题方案的方法。传统方法通常按照标准化步骤解决问题：先判断问题，再明确目标，然后提出方案。而发散思维法鼓励人们跳出传统思维方式，从不同的角度来看待问题，并提出解决方案。

（二）定量决策方法

1.确定型决策方法

（1）程序决策法。程序决策法的步骤如图2-19所示。

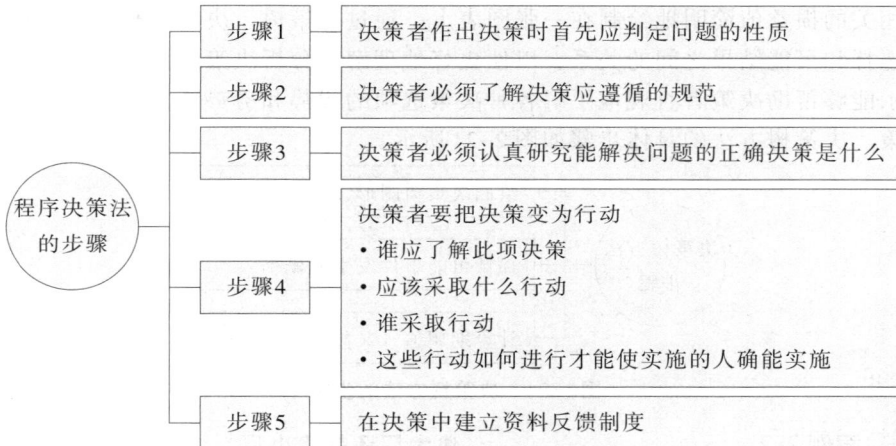

程序决策法的步骤	步骤1	决策者作出决策时首先应判定问题的性质
	步骤2	决策者必须了解决策应遵循的规范
	步骤3	决策者必须认真研究能解决问题的正确决策是什么
	步骤4	决策者要把决策变为行动 • 谁应了解此项决策 • 应该采取什么行动 • 谁采取行动 • 这些行动如何进行才能使实施的人确能实施
	步骤5	在决策中建立资料反馈制度

图2-19　程序决策法的步骤

（2）成本效益分析法。成本效益分析法是通过比较项目的全部成本和效益来评估项目价值的一种方法，常用于评估需要量化社会效益的公共事业项目的价值。对一项投资进行成本效益分析的步骤如图2-20所示。

成本效益分析步骤	步骤1	确定购买新产品或一个商业机会中的成本
	步骤2	确定额外收入的效益
	步骤3	确定可节省的费用
	步骤4	制定预期成本和预期收入发生的时间表
	步骤5	评估难以量化的效益和成本

图2-20　进行成本效益分析的步骤

2.不确定型决策方法

不确定型决策方法是指在决策过程中，我们无法确定未来各种自然状态发生的概率的决策方法。不确定型决策方法与风险型决策相似，不同之处在于无法预测各种方案在未来将出现哪一种结果的概率，因此结果具有不确定性。

不确定型决策方法主要有等可能性法、保守法、冒险法、乐观系数法和最小最大后悔值法等，具体运用可以参考相关书籍。

3.风险型决策方法

风险型决策是指在每个备选方案中都存在多种可能情况，并且我们已知每种情况发生的概率有多大。因此，在根据不同概率制订的多个决策方案中，无论选择哪个方案，都会面临一定的风险。风险型决策的方法比较多，比较常见的有决策树法、标准离差法、边际利润法等。下面结合实例重点介绍决策树法。

决策树是一种图解工具，用于表示决策过程。它将备选方案、可能的自然状态以及相关的损益值简明地绘制在一张图表上。通过决策树，决策者可以清晰地看到各种选择和可能结果之间的关系，以便更好地理解和分析决策局面。决策树的图形化表示能够帮助决策者直观地了解各种决策选项的优势和劣势，并有助于作出最佳的决策。决策树方法的具体步骤如图2-21所示。

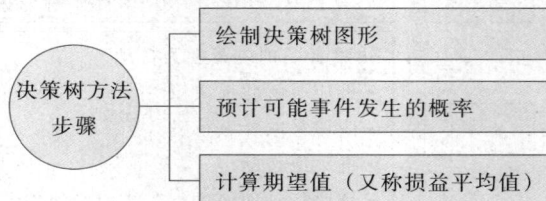

图2-21 决策树方法的步骤

📖 **案例2-2** 　　　　　　　　　　　　　　　建大厂还是建小厂

某公司计划建设新厂，决策者需要在建大厂和小厂之间作出选择。新建大厂需要投资40万元，销路好时可获得利润80万元，销路不好时会亏损30万元。而新建小厂只需要投资20万元，销路好时可获得利润40万元，销路不好时可获得利润20万元。根据市场预测，产品销售好的概率为0.6，销售不好的概率为0.4。那么该公司的决策者是决定建大厂还是小厂？

分析：

运用决策树方法进行决策，如图2-22所示。

建大厂的净收益为36-40=-4（万元），建小厂的净收益为32-20=12（万元）。因此可以看出，应选择净收益大的建小厂方案。

思考：如果采取先建小厂，待市场销路好后再建大厂，其收益情况又将如何？

资料来源：赵爱威，耿红莉. 管理学基础［M］. 2版. 北京：化学工业出版社，2018.作者有删改。

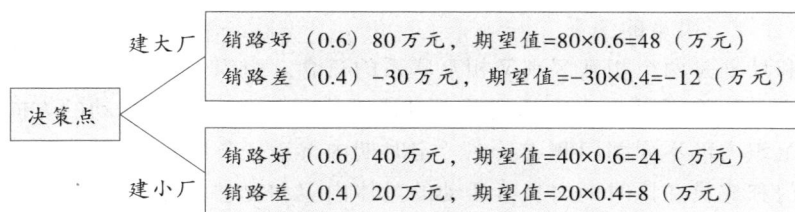

建大厂　销路好（0.6）80万元，期望值=80×0.6=48（万元）
销路差（0.4）-30万元，期望值=-30×0.4=-12（万元）

决策点

建小厂　销路好（0.6）40万元，期望值=40×0.6=24（万元）
销路差（0.4）20万元，期望值=20×0.4=8（万元）

图2-22　决策树

第二节　计划与预算

一、认知计划

（一）计划的概念

计划是对组织未来一段时间内目标及其实现途径的策划与安排。计划有广义和狭义之分。广义的计划包括制订、执行计划以及检查计划的执行情况。狭义的计划是在分析外部环境和内部条件的基础上，根据环境需求和组织实际情况，通过科学预测确定未来一段时间内组织要实现的目标及实现目标的途径。

（二）计划的类型

1.按时间期限分类

根据时间期限，计划可以分为短期、中期和长期计划。长期计划通常跨越5年以上。中期计划的时间跨度一般在1年以上、5年以内。它具体化了长期计划的目标，同时也是短期计划目标的基础，起到了桥梁的作用。短期计划通常为1年左右，对中期计划提供反馈。长期、中期和短期计划只是相对的概念，没有明确的时间规定。

2.按工作职能分类

按照企业的工作职能，计划可以分为生产计划、财务计划、采购计划、物流计划、安全计划、人员培训计划、新产品开发计划等。这些计划通常与组织中按职能划分的管理部门的结构相对应。

3.按对组织的影响范围和程度分类

根据对组织的影响范围和程度，计划可以分为战略计划和战术计划，见表2-1。

表2-1　　　　　　　　　　　　战略计划和战术计划

类别	特点
战略计划	战略计划是长期计划，用于确定组织未来的发展方向。战略计划具有以下特征：①时间跨度长，涵盖范围广；②侧重于整体概括性规划；③执行结果存在较大不确定性；④由组织最高层管理者领导和控制
战术计划	战术计划是战略计划的执行性计划，是用于实现组织目标的具体实施方案和细节。战术计划具有以下特征：①时间跨度较短；②涵盖范围较窄；③内容具体明确；④可操作性强，风险较低

（三）计划与决策的关系

决策和计划是两个相互区别又相互联系的概念。组织为了展示其社会存在，需要从事特定的社会活动。在开始这些活动之前，组织必须选择活动的方向和方式。计划是对组织内部不同部门和成员在一定时期内行动任务的具体安排。它详细规定了不同部门和成员在该时期内从事活动的具体内容和要求。然而，计划和决策又是相互联系的，原因如下：

（1）决策是计划的前提，计划是决策的逻辑延续。决策为计划的任务安排提供依据，而计划为决策选择的目标活动的实施提供组织保证。

（2）在实际工作中，决策和计划是相互渗透的，有时甚至是不可分割地交织在一起的。

在决策制定过程中，无论是对内部能力优势或劣势的分析，还是在方案选择时对各方案执行效果或要求的评价，实际上已经孕育着决策的实施计划。反过来，计划的编制过程既是决策的组织落实过程，也是对决策更详细检查和修订的过程。如果决策无法落实，或者决策选择的活动中某些任务无法安排，必然需要对决策进行一定程度的调整。

二、计划工作步骤与评价标准

（一）计划工作的步骤

1.估量机会

在实际的计划工作之前，需要对未来可能出现的机会进行估计。通过评估自身的优势和劣势，清楚了解自己所处的位置，做到心中有数，了解对手。同时，还需要弄清楚面临的不确定性因素，并进行机会成本分析。

2.确定目标

在估量机会的基础上，确定企业的总目标。然后将总目标分解为每个部门甚至每个员工的目标，形成完整的目标体系。目标是企业在一定时期内要达到的预期结果。目标为组织整体、部门和成员提供了方向，并作为衡量未来绩效的标准。

3.确定计划工作的前提条件

前提条件是计划工作的假设条件，即计划实施时的预期环境。确定计划的前提条件就是研究分析和确定计划工作的环境，预测执行计划时可能的环境。因此，需要选择那些对计划工作具有战略意义且对执行计划影响最大的环境因素进行预测。

4.拟订可供选择的可行方案

实现某一目标可以有多种途径，即多种行动方案可供选择。为了选择最佳方案，首先需要制订尽可能多的行动方案，然后从中选择最佳的方案。当然，方案的数量并不是越多越好。过多的方案会增加评价和选择方案所需的时间和成本，降低计划工作的效率。

5.评价和选择方案

在确定了各种可供选择的方案并明确了它们的优缺点后，需要根据前提条件和目标来权衡这些方案，并进行评估。可以运用运筹学、数学方法和计算机技术，将定性评价和定量评价相结合，对可供选择的方案进行评估，最终选择最佳方案。有时会出现两个可行的方案，此时需要确定首选方案，并对另一个方案进行细化和完善，作为备选方案。

6.制订主要计划

将选择的行动方案以文字形式正式体现出来，作为一份管理文件。制订计划时要清楚地确定和描述所谓的5W1H，即计划的内容、目标、方式、时间、地点和责任。

7.制订派生计划

派生计划是主要计划的支持性计划。例如，一家公司制订了年度销售计划"当年销售额比上年增长15%"，与该计划相关的还有许多其他计划，如生产计划、促销计划等。另外，当公司决定开拓新业务时，需要制订许多派生计划作为支持，如人员招聘和培训计划、资金筹集计划、广告计划等。

8.编制预算

在作出决策和确定计划后，计划工作的最后一步是将计划转化为预算，使计划具体化。编制预算的目的是使计划的指标体系更加明确，同时也方便企业对计划执行进行控制。定性的计划往往难以进行比较、控制和奖惩，而定量的预算具有较强的约束力。

（二）计划评价标准

1.程序性分析

程序性分析可以作为评价计划能否成功的标准，其特征是计划的客观性、结构化程度和机动性。

（1）客观性。客观性是通过对适当的资料进行正确观察、记录、分析和解释来实现的。这是一种科学方法，也是分析和推理的形式。计划工作可以通过主观方法或客观方法来完成。遵循科学方法的计划工作程序决定了其客观性程度和最终产生的计划的客观性。

（2）结构化程度。结构化程度衡量了计划的客观性程度，主要关注生产计划的分析和评估过程。结构化程度评估计划的格式和计划构成组织行动的程度。良好结构化的计划能够准确地执行。评估结构化程度时需要考虑的因素包括全面性、时间范围、责任分派和控制特性。

（3）机动性。计划的稳定性和潜在成功的特征在于其机动性。机动性来源于能够制订可替代方案的能力。

2.经济性分析

经济性分析的方法主要有两种。一种是关于资源有效利用的分析，主要通过边际收益与边际成本的概念来进行。这种分析反映了计划对资源的有效利用程度。在管理任何组织单位时，必须不断地评估其行动或计划是否最大限度地实现了资源的有效利用，以达到最优化。另一种经济性分析方法是成本-效益分析。成本-效益分析主要用于应对难以衡量价值或效益分配的情形，以及确定计划成本中哪些成本应包括在内、哪些应排除在外。衡量效益和确定成本的困难通常在非营利组织和评估特殊方案时出现。

三、计划的权变因素

（一）组织的层次

高层管理部门主要负责战略性计划，这些计划具有明确的指导性。中层管理部门主要负责战术性计划，这些计划具有指令性。基层（一线）管理人员主要负责作业计划，这些计划更加注重执行。

（二）组织的生命周期

组织的发展分为四个阶段：形成期、成长期、成熟期和衰退期，如图2-23所示。

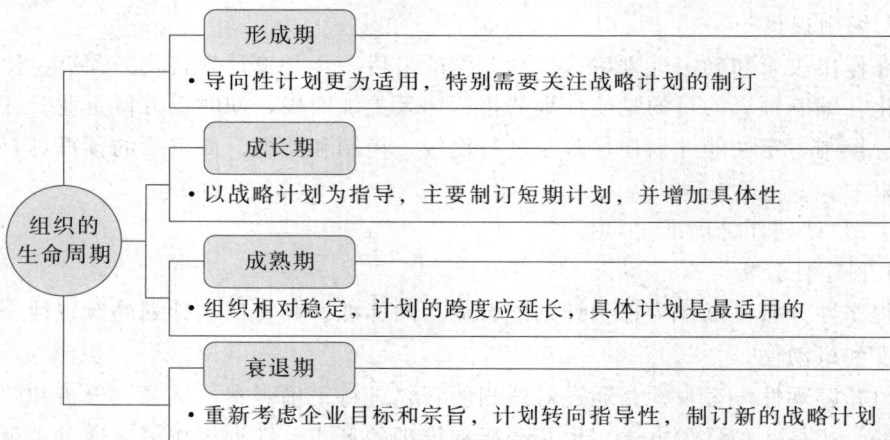

形成期
• 导向性计划更为适用，特别需要关注战略计划的制订

成长期
• 以战略计划为指导，主要制订短期计划，并增加具体性

成熟期
• 组织相对稳定，计划的跨度应延长，具体计划是最适用的

衰退期
• 重新考虑企业目标和宗旨，计划转向指导性，制订新的战略计划

图2-23　组织的生命周期

（三）环境的不确定性程度

环境对计划制订的影响情况如图2-24所示。

四、编制预算

（一）企业预算

1.企业预算编制的基本原则

（1）全面性原则。预算应全面反映与企业经营目标有关的所有业务和事项。

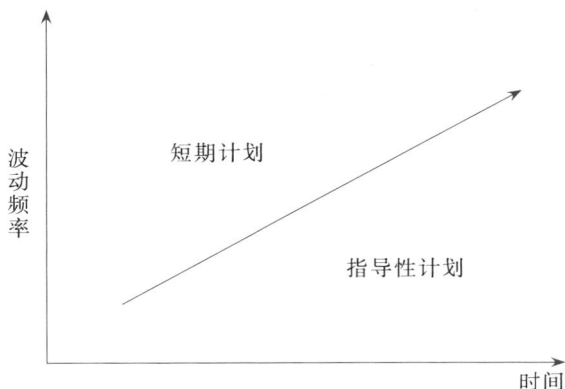

图2-24 环境对计划制订的影响

（2）真实性原则。预算应真实反映企业经营情况，虚假的预算可能对企业造成风险隐患。

（3）可行性原则。所有预算目标都应可行，能够实现。

（4）可控性原则。预算执行应进行有效的控制，明确责任主体。

（5）严肃性原则。一旦预算下达，即成为企业的"法律"，不得轻易改变。

（6）可调整性原则。没有百分之百准确的预算，当预算存在问题或客观环境发生重大变动时，可以适当调整。

（7）保密性原则。为了保证企业的安全运作，预算应在适度范围内保密。

2.企业预算编制流程与时间安排

（1）总体流程。企业编制预算，一般应按照"上下结合、分级编制、逐级汇总"的程序进行。①下达目标：企业董事会或经理办公会提出下一年度企业预算目标，由预算委员会下达给各预算执行单位。②编制上报：各预算执行单位提出详细的本单位预算方案，并上报给企业财务管理部门。③审查平衡：企业财务管理部门对各预算方案进行审查，并提出综合平衡的建议。④审议批准：企业财务管理部门根据审查结果编制企业预算方案，并提交给财务预算委员会进行讨论。在讨论和调整的基础上，企业财务管理部门正式编制企业年度预算草案，并提交给董事会或经理办公会进行审议和批准。⑤下达执行：企业财务管理部门根据董事会或经理办公会审议批准的年度总预算，一般在本年底或次年初，将其分解成一系列的指标体系，并逐级下达给预算执行单位进行执行。

（2）制定年度预算编制工作时间表。每年预算提前一个季度（3个月）进行，时间大致可以分为三个阶段：①预算准备阶段；②预算编制阶段；③预算确定阶段。

（3）预算编制的基本等式如下：

数据+假设=预测结果

规则1：数据、假设与预测结果之间应始终保持一个简单的逻辑关系。

规则2：努力寻求平衡。在明确"数据与假设哪个环节更薄弱"的前提下，集中精力解决薄弱环节。

（4）预算内容的衔接。①以平均资本利润率为起点确定利润目标。②以市场需求为基础编制销售预算。③以内部管理改善为基础制定成本费用预算。④以寻求潜在的获利机会为基础提出投资预算。⑤以寻求现金收支平衡为基础制定筹资预算和现金流量预算。

（二）经营预算

1.销售预算

（1）销售预算编制的依据：①科学的销售预测；②产品的销售单价；③产品销售的收款条件。

（2）销售预算的主要内容：①确定预算年度的销售量。根据市场预测、销售合同和企业生产能力进行确定。②确定预算年度产品的销售单价，根据市场供求关系和价格决策来决定。③确定预算年度的销售收入。预算年度销售收入按公式计算：预算销售收入=预计销售数量×预计销售单价。④预计现金收入。为了编制现金预算，销售预算中应包括预计现金收入计算表，其中包括前期应收货款的收回和本期现销收入。

（3）销售预算的编制方法。通常按照产品名称、业务类型、部门和企业进行汇总，以便于管理和控制。

（4）销售预算举例。M企业2024年计划全年销售某产品100 000支，其中一季度1万支，二季度2万支，三季度3万支，四季度4万支。该产品预计市场售价20元/支，见表2-2。

表2-2　　　　　　　　　　　　　销售预算表　　　　　　　　　　　　金额单位：元

项目	季度				全年
	一季度	二季度	三季度	四季度	
预期销售数量（支）	10 000	20 000	30 000	40 000	100 000
预计单位售价	20	20	20	20	20
销售收入	200 000	400 000	600 000	800 000	2 000 000

销售预算完成后，下一步是编制货款回收计划，这是编制现金预算的基础。货款回收计划包括预计的现金回收量，其中包括上个会计期赊销给客户的货款和当期发生但要在下个季度才能收回的货款。

根据经验，M企业预计本季度销售的70%的货款能够在当季度内收回，而剩下的30%需要等到下个季度才能回收。假设年初的应收账款余额为90 000元，具体见表2-3。

表2-3　　　　　　　　　　　　　　现金回收计划表　　　　　　　　　　　　　单位：元

项目	季度				全年
	一季度	二季度	三季度	四季度	
应收账款期初余额	90 000				90 000
一季度销售（200 000）	140 000	60 000			200 000
二季度销售（400 000）		280 000	120 000		400 000
三季度销售（600 000）			420 000	180 000	600 000
四季度销售（800 000）				560 000	560 000
现金收回总额	230 000	340 000	540 000	740 000	1 850 000

在第四季度，当季度未收回的销货款以应收账款体现在年终资产负债表中。

2. 生产预算

生产预算是在销售预算的基础上编制的，根据以销定产的原则安排企业预算期的生产计划。同时，生产预算也为进一步编制成本和费用预算提供依据。编制生产预算需要以销售预算和产成品存货预测为基础，对于多环节生产的产品，还需要编制每个环节的半成品预算。

（1）生产预算编制的依据。①预算期预计销售数量：数据来源于销售预算。②预计期初库存量：根据企业的销售渠道、销售能力和管理、技术水平决定，年初产成品库存是预算编制时的预计值。③预计期末库存量：通常根据下期销售量的一定百分比确定，年末产成品库存根据长期销售趋势进行预计。

（2）生产预算编制的方法。生产预算的编制一般只确定预算期的预计产量，其基本公式为：预算生产量=（预计销售数量+预计期末产成品库存量）-预计期初产成品库存量。

（3）生产预算编制举例。M企业年初有产成品存货4 500支，年末留存2 000支，期末产成品库存按下期销售量的10%确定，则M企业生产预算如表2-4所示。

表2-4　　　　　　　　　　　　　　生产预算表　　　　　　　　　　　　　　单位：支

季度	一季度	二季度	三季度	四季度	全年
预计销售量	10 000	20 000	30 000	40 000	100 000
加：预计期末产成品存货	2 000	3 000	4 000	2 000	2 000
合计	12 000	23 000	34 000	42 000	102 000
减：预计期初产成品存货	4 500	2 000	3 000	4 000	4 500
预计生产量	7 500	21 000	31 000	38 000	97 500

生产成本预算、销售及管理费用预算、现金预算以及固定资产或项目投资等专门预算，在财务管理等课程中均有专门的论述，在此不再赘述。

五、战略计划

（一）战略管理层次

1.公司层战略

公司层战略是企业最高层次的战略，旨在根据企业目标选择竞争的经营领域，并合理配置必要的资源以实现各项经营业务的相互支持和协调。例如，决策关于在海外建厂或在劳动成本低的国家建立海外制造业务等。

（1）组合战略。组合战略涉及将业务单元和产品线以符合逻辑的方式组合在一起，从而为公司带来协同效应和竞争优势。

（2）波士顿矩阵。波士顿矩阵通过两个维度来组织业务，即业务增长率和市场份额。业务增长率是指整个行业的发展速度，而市场份额则表示一个业务单元在市场上所占的比例与竞争对手相比是多还是少。

（3）多元化战略。多元化战略是指企业进入新的产品线或开展新业务，例如苹果公司通过推出 iPhone 进入手机行业，亚马逊通过 Kindle 电子书阅读器进入电子产品行业。多元化战略的目的是丰富企业的业务，生产出具有新价值的产品或服务。如果新业务与企业现有的业务相关，则称为相关多元化战略。不相关多元化是指企业进入一个全新的行业，例如食品公司 Sara Lee 进入内衣行业。大多数企业选择放弃不相关多元化战略，将不相关的业务出售，专注于核心领域。管理者追求多元化的机会，通过垂直一体化战略创造价值。垂直一体化是指企业进入生产产品或服务所需的原材料领域，或者进入为消费者配送、销售产品或服务的领域。

2.业务层战略

业务层战略涉及各业务单位的主管和辅助人员，他们的主要任务是将公司战略的组织目标、发展方向和措施具体化，形成本业务单位的具体竞争和经营战略。例如，推出新产品或服务、建立研究与开发设施等。

（1）竞争环境。不同类型的业务面临不同的竞争环境。大多数大企业拥有多个独立的业务线，它们会对每个业务线或战略业务单元进行产业分析。例如 Mars 公司拥有六个业务单元，分别是巧克力、宠物保健、口香糖和糖果食品、饮料、信必优科学（动物保健和植物保健）。巧克力事业部的竞争环境与信必优科学事业部的竞争环境是不同的，因此管理者需要对每个业务单元进行竞争环境分析，考察竞争对手、消费者、供应商、来自替代产品或服务的威胁以及潜在的新市场等因素。

（2）波特的竞争战略。①差异化战略。差异化战略是指企业试图通过使其产品或服务与行业中其他企业不同来获得竞争优势。差异化战略有助于减少与竞争对手的直接竞争，并降低替代产品的威胁，因为消费者对其品牌具有忠诚度。然而，差异化战略需要进行许多高成本的活动，如产品研发、设计和大量的广告宣传。②成本领先战略。通过成本领先战略，企业积极寻求高效的设备、追求成本节约、进行严格的成本控制，生产出比竞争对手更高效的产品。成本领先的定位意味着企业能够以低于竞争对手的价格提供产品，同时保持产品的高质量并实现合理的盈利。③聚焦战略。通过聚焦战略，组织能够专注于特定的区域市场或客户群。

3.职能层战略

职能层战略主要涉及企业内部的各职能部门，如研究与开发、制造、市场营销、人力资源和财务部门等。职能层战略应与业务层战略保持一致。职能层战略致力于回答以下问题：如何支撑业务层战略？如何更好地为各级战略服务以提高组织效率。

例如，假设一家公司采取差异化战略，推出一种预期销售量会快速增长的新产品。在这种情况下，人力资源部门必须采取适合的战略，包括招聘更多员工并培训中层和基层管理者；营销部门必须进行试探性营销、积极的广告促销和消费者产品试用活动；财务部门必须制订贷款计划，处理大额现金投资，并批准新设施的建造。同样，一家采取成本领先战略的公司也会有相应的职能层战略。

（二）战略管理过程

战略管理，主要是指战略制定和战略实施的过程。战略管理包含四个关键要素，如图2-25所示。

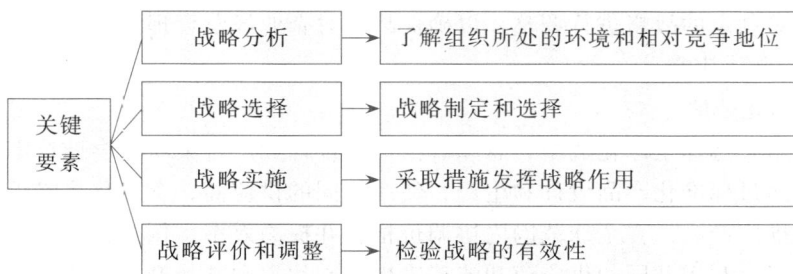

图2-25　战略管理的四个关键要素

1.战略分析

（1）确定企业的使命和目标。这些使命和目标是制定和评估企业战略的基础。

（2）外部环境分析。战略分析需要了解企业所处的环境正在发生的变化，包括一般环境和行业环境。

（3）内部条件分析。战略分析还需要了解企业自身的相对地位，包括资源和战略能力的情况，识别组织的优势和劣势。此外，还需要了解与企业相关的利益和相关者的利益期望，了解在战略制定、评估和实施过程中，这些利益相关者可能作出的反应，以及这些反应对组织行为的影响和制约。

2.战略选择

（1）重新评估组织的宗旨和目标。在战略选择之前，需要重新评估组织的使命和目标，确保战略与其一致。

（2）制订战略选择方案。根据组织的使命和目标，制订不同的战略选择方案。

（3）评估战略备选方案。对备选方案进行评估，通常使用两个标准：首先，考虑选择的战略是否能够发挥企业的优势、克服劣势，利用机会，降低威胁；其次，考虑选择的战略是否能够得到企业利益相关者的接受。

（4）选择战略。根据评估结果，进行最终的战略决策，确定准备实施的战略。如果在对多个战略方案进行评价时，出现多个指标之间的不一致，可以考虑以下几种方法：首先，根据企业目标选择最符合的战略方案；其次，聘请外部机构进行战略选择，利用专家的经验和观点提供客观意见；最后，将战略方案提交给上级管理部门审批，以确保最终选择方案符合整体战略目标。

（5）制定战略政策和计划。制定有关研究与开发、资本需求和人力资源方面的政策和计划。

3.战略实施

战略实施就是将战略转化为行动。

4.战略评价和调整

战略评价是通过评估企业的经营绩效来审视战略的科学性和有效性。战略调整是根据企业情况的发展变化，参考实际经营事实、变化的经营环境、新的思维和机会，及时对制定的战略进行调整，以确保战略对企业经营管理的有效指导。

（三）全球战略

1.全球化战略

一旦组织选择全球化战略，意味着其产品设计和广告策略在全球范围内都是标准化的。通过标准化产品设计和生产，使用共同的供应商，全球化战略可以帮助组织更快地推广产品，在全球范围内协调价格，并提高效率。例如，吉列公司拥有多个生产工厂，利用共同的供应商和流程来生产剃须刀和其他产品，这些产品的技术规格在全球范围内都是标准化的。

2.多国战略

当组织选择多国战略时，意味着每个国家的分支机构之间的竞争是相互独立的，彼此之间没有联系。例如卡夫食品公司在很多国家根据当地的口味开发新产品，重新设计配料和包装。在中国，卡夫的饼干有绿茶味、冰淇淋味、芒果味和橙子味；乐之饼干有"美味炖牛肉"和"超辣鸡肉"口味，并且采用杯装便携式包装。

3.跨国战略

跨国战略的目标是兼顾全球标准化和本土响应性。然而，实现真正的跨国战略是一项艰巨的任务，因为它要求既要有紧密的全球协作，又要有本土的灵活性。可口可乐是一个成功实现跨国战略的典范，该公司通过全球生产，推广和分销可口可乐、芬达、雪碧等知名品牌，实现了高效运营。

尽管大多数跨国企业希望实现一定程度的全球标准化以降低成本，但即使是全球产品也需要根据各国政府规定或消费者偏好作出一定调整。此外，竞争的加剧意味着许多企业必须善用全球机遇，并对国际市场的差异作出回应。

六、计划的组织实施

（一）目标管理

1.目标管理的工作流程

（1）制定目标。制定目标涵盖了企业的总目标、部门目标和个人目标。同时，需要明确任务完成的标准和达到目标的方法，以及所需的条件。

（2）目标分解。目标分解是建立企业目标网络的过程，通过目标体系展示各个部门的目标信息。这样，任何人都可以通过目标网络图了解工作目标，并知道在遇到问题时需要哪个部门提供支持。

（3）目标实施。目标实施阶段需要经常检查和控制目标的执行情况和完成情况，以确保没有偏差的出现。

（4）检查实施结果及奖惩。在检查实施结果时，需要根据制定的标准对目标进行考核。目标完成的质量与个人的升迁机会有关。

（5）信息反馈及处理。在进行考核之前，需要处理信息反馈的问题。在目标实施控制过程中，可能会出现一些不可预测的情况，如年初制定的目标无法实现，因为发生了严重的金融危机。因此，在考核时需要根据实际情况对目标进行调整和反馈。

2.企业如何选择目标管理方式

（1）分析企业特性。经营者的领导作风有三个标准可供选择：第一，经营者是否亲自参与重要计划的制订，并能有效贯彻执行？第二，管理和技术方面的创新是否是由经营者首先提出的？第三，各部门领导是否能够充分表达人事和组织上的变化与安排的意见？如果以上问题都打√，则属于主动型领导，如果没有打√，则属于被动型领导。

企业内部控制有两个标准。首先，部门分工是否明确，岗位职责和权利是否清晰划分？其次，企业的各项工作是否标准化，费用开支和工作考核是否有明确的标准？

（2）分析企业的管理形态。根据上面的特性分析，可以将企业的管理形态划分为四类，见表2-5。

表 2-5 企业的管理形态

类别	优点	缺点	典型表现
贯彻型	计划能够得到很好的贯彻，管理良好，业绩较高	工作严格按照计划进行，需要贯彻领导意图，限制了个人创新和积极性	"各人自扫门前雪"
专制型	简单易懂，无须协调	工作依赖上层推动，基层人员的积极性较低	"高层忙得团团转，下面却在打毛线"
官僚型	组织形态完整，能够处理例行公事	会议过多，领导能力较差	"不求有功，但求无过""不请假，不迟到，不工作"
放任型	民主，适合独立性强的工作人员	管理较为松散，缺乏必要的上级指示可能导致绩效较差	"组织涣散，考核不严密"

（3）选择目标管理方式。选择目标管理方式时需要考虑的因素如图 2-26 所示。

选择目标管理方式时需要考虑的因素——
- 企业的市场是成长型还是衰退型
- 企业是劳动密集型还是资本、技术密集型
- 员工的技能发挥好不好，员工的能力要不要继续培养
- 企业的人际关系好不好

图2-26 选择目标管理方式时需要考虑的因素

目标管理的基本模式见表 2-6。

表 2-6 目标管理的基本模式

基本模式	主要特点
贯彻型	适合个人能力型目标管理。贯彻型领导的业绩很好，但整体意识较差，缺乏创新热情，部门之间缺乏配合。可以通过个人能力型目标管理来改变思想观念
放任型	选择提高业绩型目标管理。放任型领导完全放任，员工不清楚如何进行工作，也不清楚要完成什么目标。因此，首先需要设定目标，完成后再考虑能力问题。在实践中，通常采用提高业绩型目标管理方式
专制型	可以选择提高业绩或个人能力型目标管理。有些企业虽然管理松散，但可以通过目标体系明确企业上下的管理分工，加强业绩管理，提高企业业绩。而有些企业采用个人能力型目标管理也取得了不错的效果，因此专制型领导可以选择两种方式
官僚型	可以选择提高业绩型或个人能力型目标管理。形成官僚主义需要有热情的投入，因此通常采用个人能力型目标管理，但一些企业采用业绩型目标管理也取得了不错的效果

（二）滚动计划法

滚动计划法是一种定期修订未来计划的方法。它按照"近细远粗"的原则，制

订一定时期内的计划。随后，根据计划的执行情况和环境变化，对未来的计划进行调整和修订。滚动计划法的基本原理如图2-27所示。

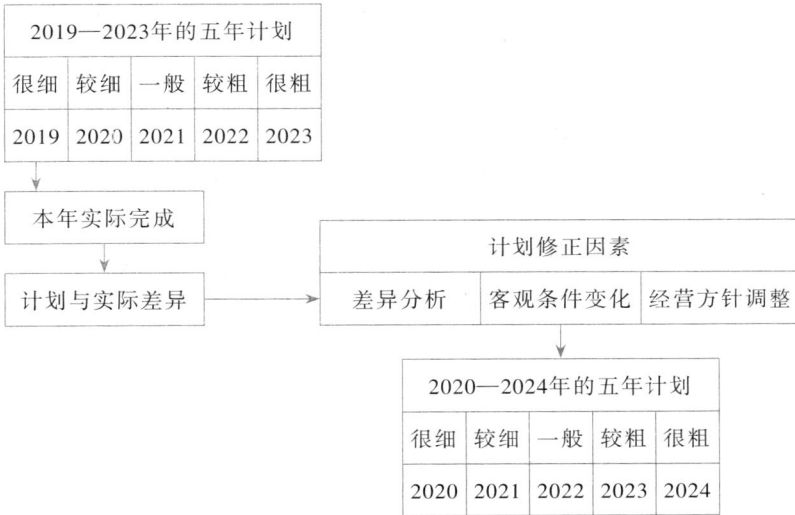

2019—2023年的五年计划				
很细	较细	一般	较粗	很粗
2019	2020	2021	2022	2023

本年实际完成

计划与实际差异

计划修正因素		
差异分析	客观条件变化	经营方针调整

2020—2024年的五年计划				
很细	较细	一般	较粗	很粗
2020	2021	2022	2023	2024

图2-27 滚动计划法的基本原理

滚动计划法具有动态适应性，可以根据组织环境的变化及时调整和修正计划。滚动计划法在计划编制过程中增加了任务量，但在计算机广泛应用的今天，它的优点更加显著。首先，滚动计划法使得计划更加贴近实际，因为它缩小了计划时期，提高了对未来的准确估计，从而提高了计划的质量。其次，滚动计划法使长期、中期和短期计划相互衔接，能够根据环境变化及时进行调整，保持计划的动态性。最后，滚动计划法增强了计划的弹性，提高了组织的应变能力。

（三）网络计划技术法

网络计划技术法是一种科学方法，它利用网络图来组织生产和进行计划管理。编制网络计划的基本思想是在庞大的网络图中找出关键路径。关键路径是指完成各个工序所需时间最长的路径。通过缩短关键工序的时间，可以缩短工程的完工时间。对于关键工序，应优先安排资源，挖掘潜力，并采取相应措施，尽量压缩所需时间。

（1）确定目标。确定应用网络计划技术的工程项目，并提出对项目和相关技术经济指标的具体要求。

（2）分解工程项目，列出作业明细表。将工程项目分解成各个作业，在制作网络图之前要列出作业明细表。

（3）绘制网络图，进行节点编号。根据作业明细表，绘制网络图，并对网络图的节点进行编号。

（4）计算网络时间、确定关键路线。根据网络图和各项活动的作业时间，计算整个网络的时间和时差，并确定关键路径。

（5）进行网络计划方案的优化。通过找出关键路径，初步确定完成整个计划任务所需的工期。然后，综合考虑合同或计划规定的时间要求以及劳动力、物资供应、成本费用等计划指标，进行优化，选择最优方案。

实践演练 2-2

某制药公司决定在全公司范围内实施目标管理，并每年进行一次绩效评估。此前，他们已经在销售部门采用了这种方法来制定奖金系统。通过对比实际销售额与目标销售额，公司支付给销售人员相应的奖金，使其薪资由基本工资和个人销售奖金两部分组成。尽管销售业绩有了大幅提升，但生产部门面临着交货计划的困难。销售部门抱怨生产部门无法按时交货。为解决这一问题，高级管理层决定为所有部门、个人经理和关键员工建立目标设定流程。为了实施这一新方法，他们需要使用绩效评估系统。生产部门的目标包括按时交货和控制库存成本。

为了指导管理人员设计新的绩效评估系统，并提出对现有薪资结构的改变建议，该公司聘请了一家咨询公司。他们支付了昂贵的费用来修改基本薪资结构，包括岗位分析和工作描述，并请咨询顾问参与制定与年度目标密切相关的奖金系统。咨询顾问还指导经理们如何组织目标设定的讨论和绩效回顾流程。总经理期望能够迅速提高业绩。然而，不幸的是，业绩不仅没有上升，反而下滑了。部门之间的矛盾加剧，尤其是销售部门和生产部门之间的矛盾。生产部门埋怨销售部门销售预测的准确性较差，而销售部门则抱怨生产部门无法按时交货。各部门互相指责对方存在问题。客户满意度下降，利润也在下滑。

请回答下列问题：

1. 本案例的问题可能出在哪些方面？

2. 为什么该制药公司设定目标（并与工资挂钩）反而导致了矛盾加剧和利润下降？

资料来源：李华敏. 管理学基础［M］. 杭州：浙江大学出版社，2018.作者有删改。

复习思考题

1. 市场调研的作用有哪些？调研与决策有什么关系？

2. 什么是决策？它包含几层含义？

3. 为什么说"管理就是决策"？

4. 什么是计划？计划有哪几种类型？

5. 如何理解计划与决策的关系？

6. 既然"计划赶不上变化"，那为什么还要制订计划？

7. 什么是决策的定性分析方法和定量分析方法？它们各自又包括哪些具体的方法？

8.企业编制预算时，一般按照什么程序进行？

9.战略管理的过程包括哪几个阶段？

10.假如你是一个中等规模的房地产销售代理公司的最高管理者，试说一说你将如何运用目标管理对管理者和销售代表进行管理。

第三章

组织与执行管理

■ 学习目标

组织是管理的基本职能之一，它在计划职能确定了组织目标和实现途径之后起到重要作用。为了协调组织所拥有的人力、财力、物力、信息和技术等资源，以发挥它们的作用，管理者需要进行工作设计、划分管理层次和部门、确定各层次和部门之间的协作关系，并设计适合的组织结构。在组织设计中，要明确职权配置，建立健全内部监督机制，使组织能够更好地服务于国家和社会经济发展，推动组织的可持续发展和社会进步。组织设计为组织系统提供了一个可操作的框架，但要让这个框架发挥作用，需要有人来操作。因此，在合理设计组织机构或结构的基础上，还需要选择适合各个岗位的人员，这样才能确保组织的顺利运行和实现预期目标。组织人力资源管理的目标是选择适合的人才加入团队，淘汰不适合的人员。

执行过程是将战略、计划或决策转化为实际行动的过程，它涉及资源分配、任务分工、沟通协调、监督评估等一系列活动，旨在确保组织的目标能够有效地实现。执行力是指组织或个人在执行过程中所展现出的能力和素质。

通过本章的学习，应达到以下目标：

【思政目标】

※通过学习和实践，培养学生的党性意识和组织观念，让学生在组织与组织设计中具备创新思维、团队合作和实践能力。

※引导学生在组织与执行管理中坚持党的领导，树立正确的价值观念。

【知识目标】

※了解组织的含义，明确组织设计的目的、原则及程序，了解新型的组织结构形式，把握职权配置与规范设计，了解组织变革的含义及影响因素，掌握组织变革的动力与阻力，熟悉组织变革的基本过程。

※理解人员配备在组织中的地位和作用，明确人员配备的任务，掌握管理人员选聘的来源以及管理人员选拔、培训、考评的方法，熟悉绩效考核和薪酬管理的基本内容。

※理解执业力的含义，掌握提升执行力的方法。

【能力目标】

※能够通过识别和划分组织结构的管理层次与职能部门，进行初步的组织结构设计，会画组织结构图，能够理顺管理关系。

※能够根据主管人员的选聘标准、考评及培训方法，进行主管人员的选聘与考评。

※具备提升执行力的理念和能力。

第一节　组织与组织设计

一、组织的含义

在管理学界，对组织有广义和狭义之分。广义的组织指的是各种社团、企事业单位，它是人们进行合作活动的必要条件。狭义的组织则是指管理学中的组织，即按照一定目的和程序组成的权责结构或角色结构。这个组织的概念包含以下含义：

（一）组织有一个共同目标

组织之所以存在，是因为它执行一定的功能，否则就失去了存在的理由。组织能够持续发展下去，是因为它有明确的目标。

（二）组织是实现目标的工具

组织目标能否实现，取决于组织内各要素之间的协调和配合程度。其中一个重要方面是组织结构的合理有效性。

（三）组织包括不同层次的分工协作

为了实现目标和提高效率，组织必须进行分工协作，将组织的上下左右联系起来，形成一个有机的整体。

二、设计适应性组织结构

（一）组织设计的目的

管理学家佛克斯从研究组织职能与管理其他职能的相互关系出发，指出组织设计的主要目的是建立有益于管理的组织。正式组织的设计需要满足如图3-1所示的基本要求。

组织设计要求 ⟹
符合组织活动目的
发挥最大效力
提高贡献欲望
归属感
持续发展
高效率

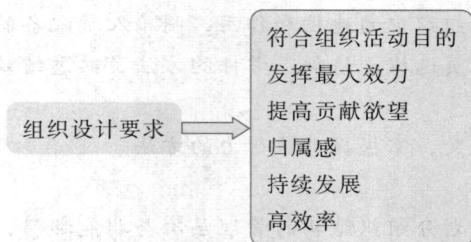

图3-1　组织设计要求

（二）组织结构设计的原则与程序

1.组织结构设计的原则

（1）目标明确原则。每个组织都有明确的目标，组织结构应与目标一致，最有利于目标实现。

（2）稳定性与适应性相结合的原则。组织结构是实现目标的载体，随着目标调整和组织发展，以及环境变化，需要调整组织结构以适应变化。设计时要注意稳定性和适应性的结合，保持灵活性和稳定性。

（3）集权与分权相结合的原则。没有绝对的答案，集权和分权各有利弊。组织设计应将集权和分权有机结合，根据环境变化和组织发展问题的重要性合理考虑。在环境变化大、组织生存问题突出时，应多考虑集权；而在环境宽松、组织发展问题突出时，可以更多考虑分权。

（4）权责对等原则。权责对等原则要求组织建立岗位责任制，明确每个管理层次、部门和岗位的责任和权力。管理人员的权力应与责任相匹配，避免责任过大而权力过小，或者权力过大而责任过小的情况。同时，也要避免出现有权无责或权大责小的情况。在贯彻权责对等原则时，需要建立有效的监督系统和信息反馈系统，每个管理者既要接受上级领导的指导，也要接受组织成员的监督。

（5）统一指挥原则。组织结构的设置必须确保行政命令和生产经营指挥的集中统一。这意味着每个下级只能有一个直接上级，不能越级指挥，并且职能机构不能干涉直线指挥部门的工作。

（6）精干高效原则。部门划分、岗位设置和人员配备应遵循最低数量的原则，以实现机构精简、人员精干。

（7）有效管理幅度原则。管理幅度指一个管理者能够直接有效地领导和指挥下属的人数。在组织规模一定的情况下，管理层次与管理幅度成反比关系。影响管理幅度的因素包括上下级的素质和能力、计划的完善程度、组织政策的稳定性、授权情况、沟通手段和方法、业务的复杂程度、下属空间分散程度、下属承担责任的意愿和面对风险的态度等。

（8）自我优化原则。任何一个组织或部门的结构都需要随着业务内容和职能的变化不断进行调整和优化，以提高效率。这包括管理关系、职责权限、岗位设置和任职条件的调整等方面。通过有针对性的调整，组织结构将更加完善，进而促进整体和局部的优化。

2.组织结构设计的程序

一个良好的组织结构应满足三个基本要求：首先，有利于组织战略的实施；其次，有利于组织业务流程的顺利进行；最后，有利于管理者对组织的管理和控制。传统的组织设计更注重建立等级制度和汇报关系，以建立命令控制链。而随着组织的发展，基于战略指导的职能设计和流程分析成为主要的组织设计程序。

在具体的组织结构设计中，通常可以按以下步骤进行：

（1）明确组织目标。在研究组织外部环境和内部资源条件的基础上，确定组织的战略目标。

（2）确定业务内容。明确实现组织战略目标所需完成的各项工作任务或业务活动。

（3）确定组织结构。对要完成的工作任务或业务活动进行适当的分工和组合，形成部门、职位和层次。

（4）配备人员。为各部门和职位配备合适的人员。

（5）规定职责权限。明确各部门和职位的责任和权限。

（6）形成整体。为了使组织成员能够有效地协同工作，还需要建立必要的规范和协调关系，使组织形成一个有机整体。

实践演练 3-1

凯迪公司在开发区和市区内设有两个业务中心，分别是A中心和B中心。A中心包括采购部和目录部，采购部负责接受用户订单并采购商品目录所需材料，目录部负责设计用户定制的商品目录。凯迪公司要求采购人员独立工作，而目录部的设计人员需按采购员的要求进行设计。凯迪公司总部和B中心位于市区，B中心专门负责商品目录的制作。根据公司业务发展的需要，凯迪公司决定在B中心设立市场部，负责分析市场需求和挖掘市场潜力，并向采购人员提出建议。然而，成立市场部后，出现了不同意见。采购人员和设计人员认为市场部是多余的，干涉了他们的工作。而市场部人员则认为采购人员和设计人员过于保守，缺乏远见。尽管公司业务主管进行了大量的说服工作，并进行了人员调换，但效果并不理想。

请回答下列问题：

1.在该公司中，是否需要设立一个专门负责市场研究的机构？

2.采购人员和设计人员认为市场部的设立可能是多余的，其原因可能是什么？

3.如何解决市场部与采购人员、设计人员之间的隔阂问题？

资料来源：刘凤，徐奎玲. 管理学基础：概念·案例·实训［M］. 北京：中国人民大学出版社，2019.作者有删改。

（三）新型的组织结构形式

1.网络型结构

网络型组织结构如图3-2所示，是目前流行的一种新型组织结构，它使组织对于新技术、新应用，或者来自外部的各种竞争具有更强的环境适应性和市场应变能力。网络型结构是小型组织的一种可行的选择，也是大型企业在联结集团松散型单位时通常采用的组织结构形式。

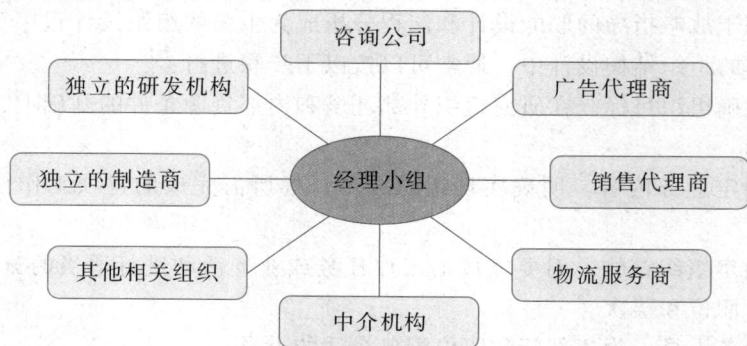

图3-2 网络型组织结构

2.控股型结构

控股型组织结构，又称H型结构，是企业在进行多元化经营时常用的一种组织结构形式，如图3-3所示。控股型组织结构能够有效地隔离经营风险。当子公司或关联公司出现问题，特别是财务问题时，其对母公司的影响会大大降低。然而，控股型组织结构也存在一些不足之处。由于每个子公司都需要具备协调各项业务的管理层，因此对管理人员的管理能力要求较高。控股型结构模式在大型公司或企业集团中非常普遍，应用十分广泛。

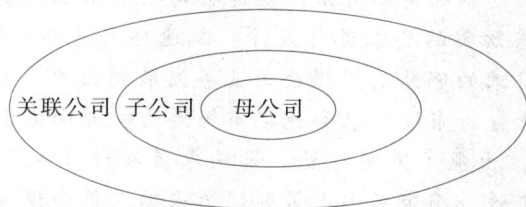

图3-3 控股型组织结构

3.水平型结构

由于顾客需求的快速变化和顾客拥有主动权，企业需要具备足够的灵活性和创新力。为了满足顾客需求，新型的组织结构应以工作流程为中心，而非部门职能。水平型结构消除了部门之间的界限，通过跨职能团队的协作来开展工作。这种结构能够快速响应顾客需求、市场变化和环境变化，有利于提升组织的创新力。它形成了一种开放、信任和合作的组织文化，注重持续改进，提高工作效率，降低经营成本。

尽管目前水平型组织结构并不是非常普遍，但它正越来越受到企业的关注。此外，一些企业虽然整体上可能采用职能制或事业部制，但在局部采用水平型结构，这是一个值得关注的发展趋势。

在实际应用中，企业常常采用多种组织结构形式相结合的方式。根据业务发展的需要，企业可以选择其中一种结构形式作为基础，并结合环境特点和组织战略的要求来设计最适合实现组织目标的"特制"组织结构。并不存在普适的、最佳的组织结构，因此组织需要不断地调整和完善，以适应环境的变化。

管理实践 3-1

华为的组织结构变迁大致可以分为 4 个阶段：

第一阶段，从成立到 1995 年，直线型/直线职能型组织结构。这一时期，华为的组织结构较为简单，权力高度集中，使得公司能够迅速地调动资源应对竞争，并对市场变化作出快速响应。这种直线职能型的组织结构与公司当时的战略发展方向是一致的。

第二阶段：从 1996 年到 2003 年，二维矩阵式组织结构。华为在这段时期的战略方向逐渐从集中化转向横向一体化，从单一产品线拓展到移动通信、传输等多类产品领域，开始多元化发展。这一时期，华为的组织结构采用了二维矩阵式的形式，以事业部和地区公司作为经济利益的主要来源，由总部管理公司的公共资源，并对各事业部、子公司、业务部门进行指导和监督。

第三阶段：从 2004 年到 2012 年，以产品线为主导的矩阵式组织结构。这一阶段，华为的战略转向纵向一体化、多元化和国际化并举，市场竞争策略也转变为与"合作伙伴"共赢。这一阶段，华为的组织结构由事业部与地区部相结合的形式，转变为以产品线为主导的矩阵式结构。

第四阶段：从 2013 年到现在，动态的矩阵式组织结构。华为已经成为一家多元化的公司，运营商业务、企业业务、消费者业务三大业务体系并存，其组织结构也变为了动态的矩阵式，随着战略方向的调整而进行调整。

通过华为的组织结构的演变，我们可以看到，没有所谓的最佳组织结构，只有最适合的组织结构，企业需要根据行业环境和自身实际状况，去寻找并建立最适合自己的模式。

资料来源：刘凤，徐奎玲. 管理学基础：概念·案例·实训［M］. 北京：中国人民大学出版社，2019. 作者有删改。

（四）明确职权配置与规范设计

1. 职权与职权配置

（1）职权与职责。职权是指担任特定职位时所拥有的权力。职责则是指必须履行的责任，是担任职位所需要承担的义务。职权是履行职责的必要条件和手段。

（2）职权类型。管理者的职权可以分为三种类型：①直线职权：指直线人员所拥有的决策和指挥权力，他们负责直接管理下属并作出决策。②参谋职权：指参谋人员所拥有的咨询和专业指导权力，他们提供意见和建议，为管理者提供专业支持。③职能职权：指参谋人员根据直线主管人员的授权，执行决策和指挥权力。

（3）正确处理职权关系，见表3-1。

表3-1 正确处理职权关系

项目	措施
建立明晰的职权结构	（1）建立清晰的等级链，明确各级职位的层级关系 （2）明确划分权责界限，确保每个职位的权责范围清晰明确 （3）制定并严格执行政策、程序和规范，确保职权的行使符合规定
协调职权关系	（1）互相尊重职权，不侵犯他人的职权范围 （2）加强沟通与配合，及时沟通并在工作中互相支持与配合

小思考3-1

请结合图3-4，思考为什么高层经理人员的秘书，尽管只有很小的职权，却通常有相当大的权力。

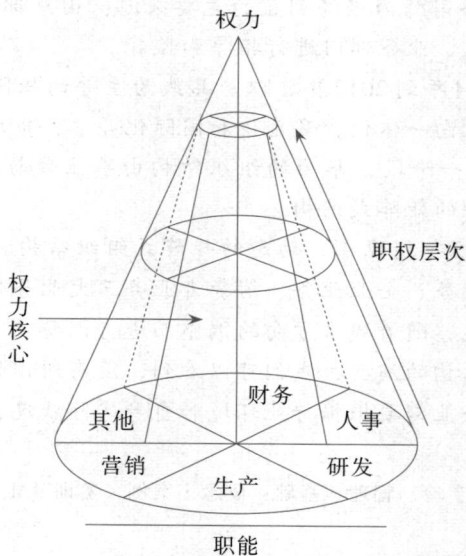

图3-4 权力的分布

2.集权、分权与授权

（1）集权。集权是指将决策权在组织系统中较高管理层次集中的一种管理方式。例如，某些企业的所有经营管理决策权都由最高管理者独自拥有，这种组织结构可以被视为高度集权的。集权的目的在于确保指挥的一致性和资源的有效配置，提高决策的效率和速度。然而，集权也存在一些不利因素。它可能不利于调动下属的积极性，可能影响决策的质量，降低组织的灵活性和适应能力，还可能使集权者承担过重的工作负担。

（2）分权。分权是指将决策权在组织系统中较低管理层次适度分散的管理方式。与集权相对应，当组织的高层领导希望下属承担部分管理职责时，就需要进行一定程度的分权。分权的目的在于调动下属的积极性，充分发挥个人潜力，并将高层管理者从日常管理活动中解脱出来，集中精力处理重要的管理决策。通过适度的分权，可以激发下属的创造力和责任感，提高组织的灵活性和应变能力。同时，分权也可以培养下属的管理能力和领导潜力，为组织未来的发展打下基础。

（3）授权。授权是指上级将自己的职权赋予下属，使其拥有一定的自主权和行动权，主要包括委派任务、委任权力和明确责任三个方面。授权是否成功决定了企业的兴衰成败，同时也会影响工作的顺利进行。国际知名战略管理顾问林正大曾言："授权就像放风筝，部属能力弱线就要收一收，部属能力强线就要放一放。"

小思考 3-2

领导者是否应该将自己无法胜任的工作授权给他人来完成？在授权后，领导者是否仍然保有某种权力？这种权力主要体现在哪些方面？

通过授权，下属可以更自主地进行工作和决策，提高工作效率，促进组织目标的实现；领导者可以将一些日常事务交给下属处理，从而有更多时间和精力处理重要的决策问题。授权可以给予下属更多的责任和自主，激发他们的工作动力和积极性，提高工作质量和效率。通过授权，下属可以得到更多的机会去承担责任，从而培养和锻炼他们的能力以及挖掘他们的潜力。

管理实践 3-2

丽思卡尔顿酒店有一项著名的规定，即任何员工，无论是客房服务员、门童还是行李员，都可以自行决定为有需要的客人提供高达 2 000 美元的服务。这项授权使得客房人员可以在发现客人遗忘护照时，立即乘车前往机场，从洛杉矶追到旧金山，并在客人离境前将护照归还。酒店之所以进行这样的授权，是为了确保客人获得最优质的服务体验，让员工能够承担起第一责任并迅速解决问题。有时候，独特的体验并不需要太多金钱，而是需要员工付出更多的"情感投入"。酒店对员工非常有信心，同时员工也热爱丽思卡尔顿酒店，愿意竭尽全力为客人创造传奇，这就形成了一种良性循环。

资料来源：王丽静. 管理学基础［M］. 北京：中国轻工业出版社，2017.作者有删改。

3.组织的制度规范

（1）组织制度规范的类型见表3-2。

表3-2　　　　　　　　　　　组织制度规范的类型

类型	内容
组织的基本制度	规定了组织的构成、组织方式以及决定组织性质的基本制度
组织的管理制度	指导和约束组织各领域、各层次的管理工作的规范体系。例如，组织内部的职权关系和联系的制度、部门和岗位的权责制度、管理程序和标准的制度等
组织的技术与业务规范	包括组织中关于技术标准、技术规程的规定，以及对业务活动的工作标准和处理程序的规定
组织中个人行为规范	为引导和约束组织内个人的行为而制定的规范。例如，员工职业道德规范等

（2）组织制度规范的制定与执行如图3-5所示。

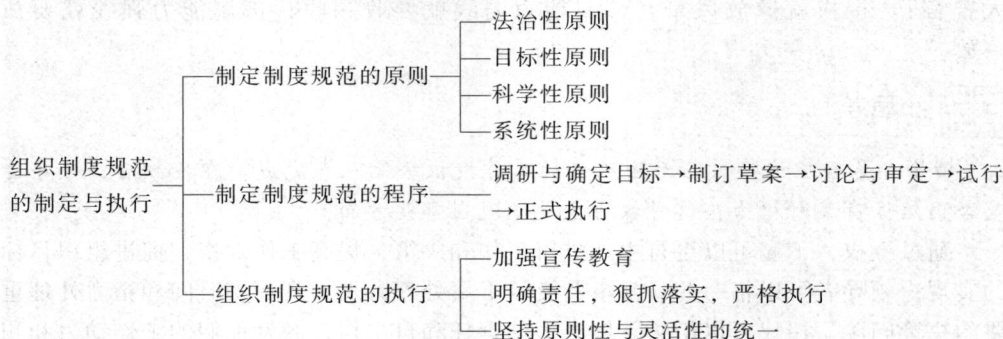

图3-5　组织制度规范的制定与执行

（3）组织的制度化管理。制度化管理是一种依赖于制度规范体系进行管理的模式。其核心在于通过建立科学、系统的制度规范体系，来构建客观性的管理机制。制度化管理有以下要求：①建立健全科学、系统的制度规范体系；②树立"法治"观念；③结合严肃性与尊重人。

实践演练3-2

某大酒店餐饮部原先对于海鲜是自己采购、保存的，即买来鱼、虾后放入水槽，任其"苟延残喘"，结果死鱼烂虾甚多，等到做成菜上桌时往往已有异味，最后弄得生意惨淡。后来，酒店改变了做法，请"鱼老板"进店，将海鲜供应从鱼、虾的质量到水缸清洁进行全权委托。这样，鱼老板在外头市场上同时设摊，但将头等货送到酒店，酒店只用活海鲜，用多少算多少，对鱼、虾死亡概不负责。结果，酒店、鱼老板、顾客均满意，生意红火。这家酒店还照此做法将清洁、收发等工作陆续外包了出去。

请问：该酒店在这些业务上采取的是何种类型的组织设计？该种组织设计在理论上有哪些优缺点？其成功运作的前提条件是什么？

资料来源：王凤彬，李东，李彬. 管理学［M］. 5版. 北京：中国人民大学出版社，2018. 作者有删改。

三、组织变革

组织变革是指利用行为科学和相关管理方法，有目的地、系统性地调整和革新组织的权力结构、规模、沟通渠道、角色设定、与其他组织的关系，以及成员的观念、态度和行为，促进成员之间的合作精神。这样的调整和革新旨在适应组织所面临的内外环境、技术特征和组织任务等方面的变化，以提高组织的效能。组织变革是每个组织都必须面对的挑战，而成功推进组织变革则成为评估管理工作有效性的关键指标。

（一）组织变革的影响因素

（1）战略。企业战略可以在两个层次上影响组织结构。首先，不同的战略要求开展不同的业务和管理活动，这会影响管理职务和部门的设计。其次，战略重点的改变会导致组织业务活动的重心转移和核心职能的改变，从而使各部门和职务在组织中的相对位置发生变化，因此需要对各管理职务和部门之间的关系进行调整。

（2）环境。环境变化是导致组织结构变革的主要影响力量。当今的企业面临全球化竞争和日益加速的产品创新，以及顾客对产品质量和交货期要求的提高。这些都反映了环境的动态性。然而，传统的机械式组织结构，其特点是高度复杂、高度正规化和高度集权化，不利于企业对快速变化的环境作出敏捷反应，以适应新的环境条件的要求。

（3）技术。组织的各项活动都需要运用特定的技术和反映一定技术水平的手段来进行。技术水平不仅影响组织活动的效果和效率，还对职务设置、部门划分、部门间关系以及整体组织结构产生一定影响。

（4）组织规模和成长阶段。组织的规模通常与其成长或发展阶段相关。随着组织的发展，活动内容变得复杂，人员数量增加，活动规模和范围扩大，因此组织结构必须相应调整以适应新的情况。组织变革随着企业成长的不同阶段而发生，每个阶段都需要相应的组织模式来适应。例如，在早期的创业阶段，组织结构通常是简单、灵活且集权的。随着员工数量的增加和组织规模的扩大，企业必须从松散结构转变为正规、集权的结构，通常表现为职能型结构。当企业经营进入多元产品和跨地区市场时，分权的事业部结构可能更适合。随着企业进一步发展进入集约经营阶段，交流、合作、资源共享、能力整合和创新力激发等问题变得更加突出，因此各种以强化协作为主旨的创新型组织形式应运而生。

知识链接 3-1

组织变革的征兆

管理实践3-3

张小泉是商务部首批认定的中华老字号之一，这个民族品牌已有四百多年的历史。在其发展的道路上，张小泉曾面临诸多挑战，包括员工年龄偏大、组织结构过于僵化以及企业活力不足等问题。面临这一系列困境，管理层凭借一系列基于组织变革的创新策略，成功破局，最终带领张小泉走向了上市之路。

根据张小泉整体发展战略要求，2021年度，公司创新机构管理模式，从事业部向事业集群发展，成立了厨具厨电事业部集群以及家居五金事业部集群，以便更灵活地应对市场需求。

2021年，张小泉归属于上市公司股东的净利润为7 873.28万元，同比增长1.96%。

资料来源：于典，张家振. "刀剪第一股"张小泉：百年老字号的二次创业征途 [EB/OL].[2022-03-25]. https://baijiahao.baidu.com/s? id=1728239571264475777&wfr=spider&for=pc.作者有删改。

（二）组织变革的动力与阻力

（1）组织变革的动力是指促使人们发起、支持和实施变革的推动力。总体而言，组织变革的动力源于人们对变革的必要性和带来好处的认识。例如，企业内外客观条件的变化、组织存在的问题和缺陷、管理者的忧患意识和创新意识、变革可能带来的权力和利益变化，以及鼓励革新、接受风险、赞赏失败并容忍变化、模糊和冲突的开放型组织文化，都可能成为推动变革的力量，激发变革的动机、欲望和行动。

（2）组织变革中的阻力是指人们反对、阻挠甚至对抗变革的制约力量。这种阻力可能来自个体、群体，也可能来自组织本身或外部环境。成功的变革管理者应该意识到阻力可能对变革产生消极和不利的影响，并采取措施减弱或转化阻力。同时，他们也应该认识到，人们对变革的阻力并非完全破坏性的，可以在妥善管理或处理下转化为积极和建设性的力量。例如，阻力的存在可以引起管理者对变革方案和思路进行更理性、全面的思考，并在必要时进行修正，以不断完善和优化组织变革方案，从而取得更好的变革效果。

组织变革是一个破旧立新的过程，其中动力和阻力相互交错。组织变革管理者的任务是通过采取措施改变这两种力量的对比，促进变革的顺利进行。总的说来，改变组织变革力量及其对比的策略可以分为三类：增强或增加驱动力，减少或减弱阻力，以及同时增强驱动力和减少阻力。然而，实践证明，在不消除阻力的情况下单纯增强驱动力可能会加剧组织的紧张状态，从而无形中增强对变革的阻力。相比之下，同时增加驱动力并采取措施消除阻力更有利于加快变革的进程。

（三）组织变革的过程

（1）解冻。由于组织变革常常会面临来自组织内部及其成员一定程度的抵制，因此，在实施变革之前，需要先进行一个解冻阶段作为前奏。解冻阶段的主要任务是发现组织变革的动力，营造危机感，塑造改革是必然趋势的氛围。同时，应采取措施克服变革阻力，并具体描绘组织变革的蓝图，明确变革的目标和方向，以制订出一个相对完善的组织变革方案，为实施变革做好准备。

（2）改革。在改革或变革阶段，我们需要按照制订的变革方案要求，进行具体的组织变革运动或行动，以使组织从现有的结构模式向目标模式转变。这是变革的关键阶段，通常可分为试验和推广两个步骤。由于组织变革涉及范围广泛，组织内的联系错综复杂，因此在全面实施变革方案之前，通常需要先进行一定范围的典型试验，以总结经验、修正进一步的变革方案。在试验初步取得成效后，才能进入大规模的全面实施阶段。

（3）冻结。组织变革并不是在实施变革行动后就结束了。实际上，涉及人的行为和态度的组织变革，只有在有解冻阶段和冻结阶段的条件下，才能真正实现。实际情况常常是，一旦组织变革行动发生，个人和组织都有回到原有习惯中的趋势。为了避免这种情况，变革的管理者必须采取措施来确保新的行为方式和组织形态得到持续强化和巩固。这一强化和巩固阶段可以看作一个冻结或重新冻结的过程。如果缺乏这一冻结阶段，变革的成果可能会退化消失，并且对组织及其成员的影响也将只是短暂的。

小思考 3-3

在组织变革中，企业要具备适应变化的能力。如何在组织管理中推动变革和创新的实施？

管理实践 3-4

华为在引进国际化管理运作体系时提出了"先僵化，后优化，再固化"的"三化理论"。

1. 先僵化

1998 年，华为开始全面引进国际化管理运作体系。为了确保变革的成功，华为让员工被动、全面地接受这套新的运作方式，并在第一阶段的僵化阶段对其进行全面调整和优化。通过对整个系统的深入了解，最终形成了华为特有的运作方式。

2. 后优化

任正非认为，引进西方的管理理念和体系不能简单照搬，而需要进一步改良。后优化阶段就是管理本土化的阶段，既体现了民族化，又具备国际化的特征。

3.再固化

任正非认为，创新应该是有阶段性和受约束的。表面上，公司的运作特点是注重变革和创新，但实质上，华为很重视固化和规范。固化阶段包括例行化和规范化。例行化是将例外事项变为例行事项的过程，即尽快将已有规定或成为惯例的事项纳入流程中，并使未规定或未成为惯例的事项有效地成为惯例。规范化的具体手段是通过模板化和标准化，将所有标准工作制定为标准模板，并按照这些模板进行操作。

资料来源：王凤彬，李东，李彬. 管理学［M］. 5版. 北京：中国人民大学出版社，2018. 作者有删改。

第二节　人力资源管理

一、做好人员配备

（一）认知人员配备

人员配备是根据组织结构中规定的职务数量和要求，对所需人员进行选择、考评和培训的过程。其目的是确保组织中各个职务得到合适的人员来担任，以保证组织活动的正常进行，并最终实现组织的既定目标。人员配备包括主管人员和非主管人员的配备。两者所采取的基本方法、遵循的基本原理是相同的。本书着重讨论主管人员的配备，即管理人员的选拔、考评和培训。

（二）人员配备程序

1.人力资源规划——确定人员需要的种类和数量

由于组织是不断发展的，所需设置的岗位和编制数也会随之变化。人力资源规划在此起着重要作用，它包括评估现有人力资源的配备情况、根据组织发展战略预测未来所需人力资源，并制订相应的行动计划。通过人力资源规划，可以明确在实现组织发展目标时，在何时需要何种人员以及所需人数，为人员的选拔和培养打下基础。

2.招聘与甄选——选配合适人员

岗位设计和分析确定了组织所需岗位的素质要求。为了找到符合这些要求的人才，必须对组织内外的候选人进行筛选，以作出合适的选择。这就需要进行招聘和甄选。招聘可以来自组织内部或外部的求职者，但无论其来源如何，为了招募到合适的人才，都需要根据岗位要求进行素质评估和选择。甄选是根据既定的用人标准和岗位要求，对应聘者进行评估和选择，以获得合格的员工。通过招聘和甄选，组织能够为各个岗位配备适合的人才。

3.培训与考核——使人员适应组织发展需要

培训是指组织有计划地对员工进行辅导和训练，以实现组织和员工个人的发展目标。随着组织的不断发展，为了满足人力资源需求，除了通过招聘外部人员来补充，更重要的是通过培训来开发现有的人力资源。培训是提高员工素质、同化外来人员的主要途径，既适应组织发展的需要，也可实现员工个人的充分发展。

为了了解员工是否适应岗位要求，需要通过考核评估现有人力资源的质量。考核是按照一定方法和程序对现任员工的工作情况进行客观评价，为员工改进工作提供指导，为培训、奖惩和人事晋升提供依据。

通过持续的培训和考核，不仅为组织获得合适的人员提供了保障，而且促使员工随着组织发展不断成长，实现人与事的最佳组合，最终实现组织发展和员工成长的双重目标。

（三）人员配备原则

1.因事择人、适应发展原则

组织配备人员的目的是确保他们能够胜任所分配的任务，为实现组织目标作出贡献。在人员配备过程中，必须根据工作需求选择具备相应知识、技能和能力的人员。同时，为了适应组织的发展，岗位设置和人员配备需要考虑一定的余地。在人员配备过程中，需要做好人力资源储备，配备一定数量的培养性人员，或者为某些岗位的人员留出学习和培训的时间。

2.因材施用、客观公正原则

在条件允许的情况下，应尽可能将一个人从事的工作与其兴趣、能力相结合。在人员配备过程中，客观公正原则要求明确组织的用人理念，为员工提供平等的就业、上岗和培训机会。对于员工的素质能力和工作绩效，应进行客观评价，以最大限度地得到社会和员工的理解和支持。

3.合理匹配、动态平衡的原则

合理匹配是指在人员配备方面，除了根据各个岗位职责要求配备符合岗位素质要求的人员外，还要合理配置同一部门中不同岗位和层次的人员，以确保同一部门内的人员能够协调一致地开展工作，充分发挥群体功能。

动态平衡原则要求组织根据组织和员工的变化，动态调整人与事的匹配。这包括补充组织发展所需的人员，解雇多余的或难以适应组织发展需要的人员；将能力提高并得到充分证实的员工提升到更高层次、承担更多责任的岗位；通过轮岗或培训，能力平平、不符合现有岗位要求的人员有机会参与适合他们能力的工作。

小思考3-4

党的二十大报告指出"人才是第一资源"。在人力资源管理中，如何吸引、激励和发展人才，形成优秀的团队？

二、选拔、培训、考评主管

（一）管理人员的选拔

管理人员的选聘是人力资源管理部门采用科学的方法挑选或聘请合适的人员从事特定的管理工作的过程，其实质主要是寻求管理工作与人员之间的最佳配合。

1.选拔依据

（1）管理职位本身的要求。为了有效地选拔管理人员，首先需要对担任的管理职位的性质、工作内容和目标等要素有清晰的了解。通常，在职务设计和职务分析中，会得到一份职务说明书，其中包含对各个管理职位的总体规定。这些规定将成为选拔管理人员的主要依据。

（2）管理人员应具备的素质和能力。个人素质与管理能力密切相关，管理能力的大小在很大程度上取决于个人素质的高低。此外，对从事管理工作的渴望也非常重要。只有当一个人怀有强烈的管理欲望时，才会积极学习与管理实务相关的知识和技能，才能充分发挥自己的才能。

管理能力是指完成管理活动所需的能力，其范围非常广泛。根据孔茨和卡茨等美国管理学家的总结，管理人员至少应具备如表3-3所示的四个方面管理能力。

表3-3 管理人员应具备的四个方面管理能力

类别	内容
技术能力	指在业务方面的知识和熟练程度
人事能力	指与员工共事的能力，包括组织、协调、配合以及创造出一种使员工安心工作并能自由发表意见的环境的能力
规划决策能力	指在面临问题时能够从整体角度思考，认清形势，进行统筹规划，并果断地作出正确决策的能力
问题识别、分析和解决能力	指在面对问题时能够准确识别问题、进行分析，并找到解决问题的方法和策略

随着管理层次的不同，这些能力的相对重要性也会有所不同。

2.管理人员的来源

管理人员的招聘主要有内部提升与外部招聘两大来源，内部提升与外部招聘各有其优势与不足，见表3-4。

表3-4　　　　　　　　　　　　　　　内部提升与外部招聘的利弊

项目	内部提升	外部招聘
优点	首先，内部提升有利于鼓舞士气，提高工作热情，调动组织成员的积极性。其次，内部提升有助于确保选拔工作的准确性，并使受聘者能够迅速开始工作	首先，外部招聘的干部具备"外来优势"，他们没有历史包袱，组织成员只了解他们目前的工作能力和素质。这有助于缓解内部竞争者之间的紧张关系。其次，外部招聘可以为组织带来新的思维和观点
缺点	可能引起同事的不满，还可能导致"近亲繁殖"的现象	新人员对组织的内部情况不熟悉，缺乏人事基础，组织对应聘者的情况无法深入了解。此外，外聘干部可能对内部成员造成打击，这是外部招聘的最大局限性

从表3-4可以看出，虽然内部招聘有很多好处，但要实现内部工作的合理化、管理的规范化，并建立完整的员工培训开发体系，才能取得明显的成效。如果缺乏这些必要条件，就会导致"近亲繁殖"的不良局面。因此，我们需要妥善处理内部招聘和外部招聘的关系。组织在招聘中需要平衡内部和外部的人才来源，确保新鲜的思维和观点能够进入组织，促进组织的创新和发展。只有在这种平衡的情况下，内部招聘和外部招聘才能发挥各自的优势，为组织的持续发展作出贡献。

实践演练3-3

M公司是一家以生产家用电器为主的大型国有企业，曾经在过去取得过辉煌的战绩。然而，随着市场竞争的加剧，M公司近年来一直面临亏损，并且面临着倒闭的风险。新上任的公司老总决心不让公司毁于自己的手中，故决定进行彻底的改革。公司总经理深知企业竞争实质上是人才的竞争，因此决定先从人事制度入手，招聘一位能够协助自己进行改革的人事部经理。

请你为该公司老总拟一个招聘计划。

资料来源：梅强. 管理学：创业视角［M］. 2版. 北京：化学工业出版社，2018. 作者有删改。

（二）管理人员的培训

1. 管理业务培训

在进行有效管理的前提下，熟悉业务知识是必不可少的。然而，管理人员在上岗前并不一定对业务知识有全面的了解，因此，对他们进行业务培训就显得十分必要。另外，随着科学技术的快速发展，即使是专业的业务人员也需要参加一定的业务培训，以适应不断更新的知识和技术需求。这样可以更好地掌握本专业的发展动态，增强管理的前瞻性。

2.管理知识和能力的培训

无论是任何层级的管理人员，只有拥有一定的管理知识和能力，才能进行科学的管理活动。管理人员的素质和能力既受到先天禀赋的影响，也可以通过后天的学习培养来提升。管理知识包括管理的基本概念、理论和方法等。而管理能力则是将管理知识具体应用于管理实践的体现，包括组织协调能力、规划决策能力、沟通能力、问题识别和解决能力等。通过培训，管理人员可以提升他们的管理知识和管理能力，从而更好地应对管理挑战。

3.心理素质的培训

要发挥管理能力，管理人员需要具备良好的心理素质。这是因为管理者需要与各种人打交道，可能会遇到各种突发事件。如果管理人员在面对突发事件时不能保持冷静，不能果断决策解决关键问题，或者在情绪激动时不能自我控制，那么必然会影响管理工作的效果。因此，管理人员在培养管理能力的同时，也需要注重培养良好的心理素质，以应对各种挑战和压力，确保管理工作能够高效、顺利地进行。

（三）管理人员的考评

1.管理人员考评的要求

（1）考评指标要客观。为了准确反映主管人员的工作绩效，考评指标应尽可能定量化。

（2）考评方法要可行。考虑到组织或企业的性质和可利用的条件，应选择合适的考评方法，避免过于复杂的片面考评方法。

（3）考评时间要适当。不能过早或过晚进行考评，可以按年度或季度进行考评，也可以根据组织或企业阶段目标的计划实现日期进行考评。

（4）考评结果要反馈。考评是控制工作的一个环节，及时反馈考评结果可以进一步完善人力资源体系。

2.管理人员考评的内容

（1）贡献考评。贡献考评是对某个职务在一定期间内对实现企业目标的贡献进行考核和评估的过程。在进行贡献考评时，我们需要注意以下两个问题：首先，应该尽可能地区分个人的努力和部门的成就，以充分体现管理者对组织绩效的个人贡献。这意味着我们需要最大限度地将管理者个人对组织绩效的贡献与团队或部门的整体成就区分开来。其次，贡献考评不仅仅是对下属的考评，同时也是对上级的考评。这意味着我们需要评估管理者在担任职务期间对下属的影响和指导，同时也需评估管理者对上级的表现和对组织整体目标的贡献。

（2）能力考评。通过考评管理人员在一定时间内的管理工作，我们可以评估他们的现实能力和发展潜力，分析他们是否符合现任职务的要求，以及在任职期间是否有所提高，从而判断他们是否适合担任更重要的职务。在考评过程中，我们应该从管理人员的决策能力、用人能力、沟通能力、创新精神和工作作风等方面进行评估。为了准确评估某项能力，我们应该提出一系列具体问题，尽量以是非判断题或选择题的形式，用简洁的语言明确提出问题。这样可以确保评估过程具有具体性和准确性。

3.管理人员考评的工作程序

管理人员考评的工作程序如图3-6所示。

```
┌─────────┐   ┌─────────────┐   ┌─────────┐   ┌─────────┐   ┌─────────────┐
│ 确定考评 │→ │ 选择考评者：上级 │→ │ 分析考评 │→ │ 反馈考评 │→ │ 根据考评结果， │
│ 内容    │   │ 评价、同级评价、 │   │ 结果    │   │ 结果    │   │ 建立企业人才  │
│         │   │ 自我评价等    │   │         │   │         │   │ 档案       │
└─────────┘   └─────────────┘   └─────────┘   └─────────┘   └─────────────┘
```

图3-6　管理人员考评的工作程序

4.管理人员考评的方法

（1）考试法。口试与笔试是两种常见的考试方法。笔试方法简单易行，主要用于评估主管人员对知识的掌握程度和理论水平，但很难评估一个人的实际才能、创造才能和应变能力。口试方法包括问题式口试、漫谈式口试和适应性口试三种。问题式口试侧重考察主管人员的知识水平；漫谈式口试侧重考察主管人员的潜在能力；适应性口试则通过提出一些极端性问题，着重考察主管人员的思维能力、应变能力以及处理棘手问题的能力。

（2）成绩记录法。成绩记录法是一种以主管人员的工作成绩记录为基础的考评方法。通常，这种方法会与目标管理相结合使用。

（3）等级评估法。它将主管人员考核的主要内容列出，并根据主管人员在每项内容上的表现进行打分和等级划分，最后将各项得分相加，确定主管人员的个人绩效等级。

（4）配对比较法。首先，选定评估的具体项目，并将同一级别的主管人员分为一组。然后，按照事先选定的评估项目，逐一将人与人进行比较。比较时，胜者得1分，负者得0分。根据每个人的得分计算分数，按照优劣顺序排出名次。如果比较的项目不止一个，还需要通过多次对比得出相应的分数，然后将每个主管人员的多项得分相加，得出总分，最终确定排名顺序。

（5）硬性分布法。硬性分布法是一种用于员工排序的方法，它将员工按照组别进行排序，而不是按个人进行排序。这种方法基于数理统计中的正态分布概念，认为员工的业绩水平符合正态分布，这种方法在一定情形下也适用于主管人员。根据这个理论，可以将主管人员分为优秀、良好、中、中下和差五种情况，其分布形式如图3-7所示。

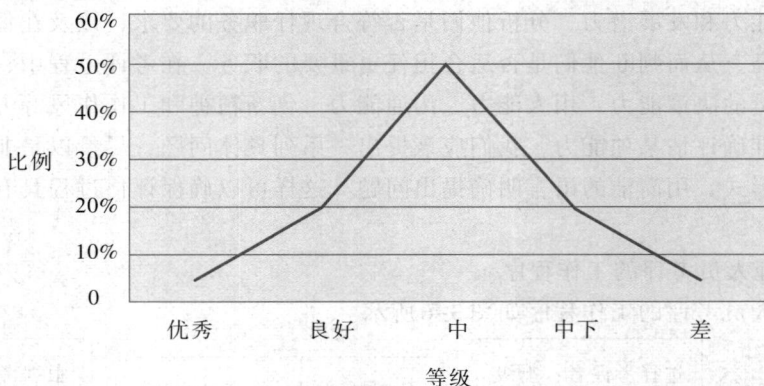

图3-7 主管人员绩效硬性分布图

（6）关键事件法。在日常工作中，考评人员可以记录每位主管人员在工作中展示的最佳行为或不良行为。然后，在一定时间内，根据这些记录来评估主管人员的工作绩效。关键事件法的优点在于评估结果有实际事实作为依据，时间上涵盖了整个工作过程，而不仅仅是主管人员在评估前最近一段时间的表现。这种方法可以提供更全面和客观的评价。

（7）目标管理法。目标管理法包括两个主要内容：第一，与每位主管人员共同制定可衡量的工作目标；第二，定期与主管人员讨论目标的完成情况。在实施过程中，目标的制定需要与整个组织的目标相协调。首先确定组织和部门的目标，然后要求主管人员制订个人工作计划。评估期结束后，将每位主管人员的实际工作成绩与预设目标进行比较，并提供反馈。这样可以确保主管人员的工作与组织目标保持一致，并促进绩效的提升。

三、进行薪酬管理

薪酬管理的目标是确保员工薪酬与企业发展相匹配，同时激励员工的积极性和工作动力。通过科学合理地管理薪酬，可以更好地吸引、激励和留住优秀的人才，从而为企业的长远发展提供支持。

（一）薪酬调查

薪酬调查是薪酬设计的重要组成部分，解决薪酬的公平性和竞争力问题，是薪酬设计的基础。只有进行实事求是的薪酬调查，才能有针对性地解决企业薪酬激励的根本问题，实现薪酬个性化和有针对性的设计。通常，薪酬调查需考虑以下三个方面：

（1）企业薪酬现状调查：通过科学的问卷设计，从内部公平、外部公平和自我公平的角度了解现有薪酬体系中的主要问题和原因。

（2）薪酬水平调查：收集行业和地区的薪资增长情况、不同薪酬结构的比较、不同职位和级别的薪酬数据、奖金和福利状况、长期激励措施以及未来薪酬趋势分析等信息。

（3）薪酬影响因素调查：综合考虑外部因素（如宏观经济、通货膨胀、行业特点和竞争、人才供应状况）和内部因素（如盈利能力和支付能力、人员素质要求、企业发展阶段、人才稀缺度、招聘难度）对薪酬的影响。

（二）确定薪酬原则和策略

确定薪酬原则和策略是薪酬设计的重要前提。在充分了解企业当前薪酬管理现状的基础上，确定薪酬分配的依据和原则。然后，基于这些原则确定企业的相关分配政策和策略，如不同层级和不同职系人员的收入差距标准、薪酬构成和各部分比例等。

（三）职位分析

职位分析是薪酬设计的基础工作。基本步骤包括：首先，结合企业经营目标，进行业务分析和人员分析，明确部门职能和职位关系；其次，进行岗位职责调查分析；最后，由岗位员工、员工上级和人力资源管理部门共同编写职位说明书。

（四）岗位评价

岗位评价主要解决薪酬在企业内部的公平性问题。通过比较各个职位的相对重要性，确定职位等级序列。岗位评价可以岗位说明书为依据，采用不同的方法进行，具体方法可根据企业的情况和特点进行选择。

（五）薪酬类别的确定

根据企业实际情况和未来发展战略的要求，对不同类型的人员采用不同的薪酬类别。例如，高层管理者可以采用与年度经营业绩相关的年薪制，管理序列和技术序列人员可以采用岗位技能工资制，营销序列人员可以采用提成工资制，急需人员可以采用特聘工资制等。

（六）薪酬结构设计

薪酬的构成因素反映了企业的关注点，因此不同的策略和关注点会形成不同的薪酬构成。在考虑薪酬构成时，通常综合考虑以下四个方面因素：职位在企业中的层级、岗位在企业中的职系、岗位员工的技能和资历，以及岗位的绩效。这些因素对应薪酬结构中的不同部分。

第三节 执行过程与执行力

一、如何理解执行力

执行在组织行为学中表现为三种形态：①执行是个人完成任务的行为，个体在组织中承担责任并按照规定的要求履行职责；②执行是团队达成目标的过程，通过协同合作和有效沟通，团队成员共同努力实现共同的目标；③执行还涉及组织层面的决策、运营和操作的系统集成，需要协调各个部门和资源，确保实现组织的战略目标。

执行也是一门学问，需要掌握相关的知识和技能。这包括有效的沟通能力、决策能力、团队合作能力以及项目管理和资源调配能力等。通过不断学习和实践，个体和组织可以提高执行能力，更好地应对挑战和实现目标。

二、如何全方位提升执行力

（一）提升员工执行力

（1）制定适合企业发展的战略目标。让执行人员参与战略目标的制定，这可以增加他们的参与感和责任感。同时，将长期战略和短期战略相结合，确保目标的连贯性和可执行性。

（2）提供指导和监管。对执行人员进行指导和监管，确保他们理解任务的要求和目标，并提供必要的支持和资源。

（3）领导者身先士卒。领导者应该身体力行，以身作则，带动每个人共同负责和积极执行。领导者的示范作用对于员工的执行力起到重要的作用。

（4）有系统地培训员工。为员工提供系统的培训，提升他们的技能和知识水平，使其具备完成工作任务所需的能力。

（5）组建高绩效团队。通过合理的团队构建和有效的团队管理，培养高绩效团队，激励团队成员相互合作，共同实现目标。

（6）打造企业文化。建立积极向上、执行力强的企业文化，鼓励员工具备自主性和责任感，推动执行力的提升。

（二）提升领导执行力

1.领导人必做的七件事

（1）了解企业和员工：领导者需要真正了解企业和员工，不要自以为了解一切。

（2）面对现实：要有全局观，从小处着手解决问题，思考问题的本质。

（3）设定目标及其优先顺序：回顾时间管理的方法，在行动前要明确目标。

（4）跟踪目标，解决问题：要跟踪目标的进展并解决问题，目标是考核业绩的依据。

（5）论功行赏，奖优罚劣：执行力体现在坚持实施，不只是追求制度的完美。

（6）让员工成长：帮助员工成长和发展，激励他们实现个人和组织目标。

（7）了解自我：领导者需要了解自己的能力和局限性。

2.提升领导执行力的原则

（1）以利益为中心原则：考虑企业和员工的利益，平衡各方的需求。

（2）20/80的聚集原则：关注那些对目标实现最有影响力的20%关键事项。

（3）开发原则：培养和开发员工的能力，发挥他们的潜力。

（4）分层原则：建立明确的层级和责任分工，确保任务的顺利执行。

（5）事实与数据原则：决策和行动基于客观的事实和数据，避免主观臆断。

（6）双赢或不交易原则：追求双方都能获益的解决方案，避免单方面的损失。

（7）分享或共享原则：与员工分享信息和资源，促进协作和共享成果。

（8）杠杆原则：利用有限资源产生更大的影响，提高工作效率和效果。

（三）提升组织执行力

1.积极培育执行力文化

执行力文化的核心是价值观。在改变人的行为之前，需要改变他们的思想。而在改变思想之前，要先改变他们的价值观。通过统一的价值观来充实员工的思想，同时激励员工的愿景，给予他们未来的期望。在建立约束机制时，要有适当的制度约束，但不要过度依赖纪律。

2.制定科学合理的战略和运营目标

组织需要制定明确的战略和运营目标，确保它们科学合理，并与组织的愿景和使命相符。

3.建立有效的激励约束机制

（1）树立制度的权威性：确保制度的权威性，让员工明确制度的重要性和执行的必要性。

（2）建立有效的考核机制：适时建立真正有效的考核机制，将薪酬与业绩挂钩，激励员工积极执行。

（3）开展有效的组织沟通：加强组织内部的沟通，减少内耗，形成合力，让员工了解组织的目标和重要事项。

4.有计划地开展执行力培训

组织应该有计划地进行执行力培训，提升员工的执行能力和意识，帮助他们更好地执行和实现组织的战略和目标。

实践演练3-4

某公司高层管理者提出2024年12月前提高省内市场占有率到30%的要求，请总经理助理拟订实施计划。如果你是总经理助理，你将如何执行？

复习思考题

1.如何理解组织的含义？

2.组织设计的目的是什么？组织结构设计应遵循哪些原则？

3.组织结构设计的工作程序是怎样的？

4.什么是组织变革？为什么要进行组织变革？

5.人员配备过程中应遵循哪些原则？

6.管理人员应具备哪几个方面的管理能力？

7.如何全方位提升执行力？

第四章

领导与沟通管理

学习目标

企业是经济增长的主要驱动力，在推动国家经济建设中扮演着重要角色。领导是企业管理工作的一项重要职能，有了领导，企业才能实现自己的目标。"领导"一词通常有两个含义。首先，作为名词，它指的是组织中的领导人或领导者，他们负责确定和实现组织的目标。其次，作为动词，领导指的是一种管理工作和管理职能，通过行使这项职能，领导者能够推动被领导者努力实现既定的组织目标。在管理学中，沟通与协调是组织管理的基本要素之一。沟通是信息传递和理解的过程，通过有效的沟通，可以促进组织内外部人员之间的交流和理解，提高工作效率和减少冲突。协调则是组织内外不同部门、不同个体之间的合作与协作，通过协调，可以实现资源的优化配置，确保组织的目标和利益的一致性。

通过本章的学习，应达到以下目标：

【思政目标】

※通过学习领导能力，培养学生正确的领导价值观和道德观念。

※增强学生的组织观念和集体意识，提高沟通能力和交流技巧，培养团队合作和协同能力。

【知识目标】

※了解领导的本质和影响力，明确领导者的角色；熟悉领导行为理论和领导权变理论；了解激励的含义、机制，理解激励的需求层次论和双因素理论；掌握期望理论、公平理论和激励方法；掌握管理中的领导艺术。

※了解沟通及协调的含义，熟悉沟通的要素与过程，了解沟通与协调的关系；掌握克服沟通障碍的方法和协调的技巧。

【能力目标】

※能够树立权威，进行有效的指挥；能够初步运用领导理论选择合适的领导方

式；能够根据理论知识进行有效激励；能够正确进行自我认知，提高激励技能，培养激励有效性的意识。

※能进行有效的沟通；能初步运用所学知识进行协调工作。

第一节　领导

一、领导的本质与内容

（一）领导的本质

领导是有效管理工作中必不可少的一项职能，也是最充分体现管理工作艺术性的一项职能。作为一种人际交往和作用的过程，领导包括以下几个方面的工作：

（1）权力或影响力的形成和运用是领导工作的关键概念。领导者的权力来源多种多样。领导者通过运用各种权力来源来影响组织或群体的成员实现既定目标的过程通常被称为"指挥"。领导者运用不同来源的权力来引导下属的思想和行动，被称为"引导"。为了成为有效的领导者，必须努力拓宽自己的权力来源，以更好地引导下属的思想和行动。

（2）激励是与领导密切相关的。管理者的成功在于了解如何激励员工，以及这些激励如何发挥作用，并将其在各项管理工作中充分体现出来。只有这样，才能成为有效的领导者。

（3）沟通是领导者和被领导者之间不可或缺的交流活动。通过沟通，领导者不仅能确保他们发布的命令和指示被下属准确理解和执行，还能更好地了解下属的需求和行为动机。

（4）营造组织氛围和建设组织文化是领导者的重要任务。领导者不仅需要对各种激励因素作出反应，还需要利用组织氛围和文化来激发或抑制这些因素，以保持员工的高士气和良好的工作意愿。领导者通过建立畅通的沟通渠道、采用适当的激励措施和改进领导作风等方式，营造一个人人愿意作出贡献的工作环境，从而顺利实现组织目标。

（二）领导的影响力

1.职位权力影响力

职位权力是指领导者在组织结构中所处的位置所赋予的权力，具有明显的职位属性。职位权力影响力包括法定权、强制权和奖赏权，如图4-1所示，它是组织正式授予领导者的，并受组织规章的保护。权力影响力是通过正式渠道发挥作用的。

2.非职位权力影响力

非权力影响力是指领导者基于个人资历、地位、人格特质和才能而产生的影响力，它能够激发下属的自愿追随。与职位权力相比，这种影响力对下属的影响更加持久。非权力影响力主要包括专业权力和感召权力影响力。

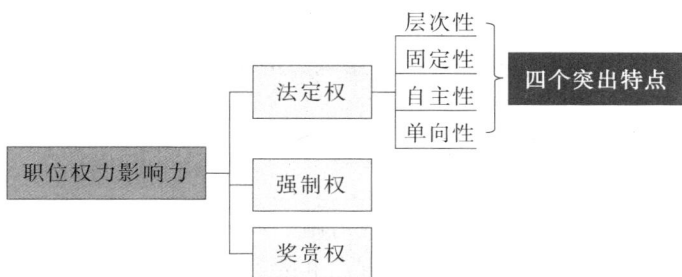

图4-1　职位权力影响力

（三）领导与管理的关系

1.领导与管理的联系

（1）领导行为是管理行为之一。管理活动包括计划、组织、领导和控制等多个方面，而领导是其中的一种活动。领导活动只是组织中众多管理活动之一。

（2）领导活动和管理活动的实施都依赖于组织。领导活动需要领导者与被领导者的参与，而管理活动也需要管理者和被管理者的参与。如果没有组织，只有个人存在，那么就不存在所谓的领导活动或管理活动。

（3）领导者和管理者在职能活动中都需要拥有一定的权力。管理者在履行管理职能时，依靠组织赋予的权力为基础。例如，质量管理人员在检测产品质量时，运用的是组织赋予的"管理"权力。同样，领导者在实施领导职能时也需要一定的权力，这种权力可能来自组织，也可能来源于领导者个人的魅力等。

（4）在现实生活中，领导活动和管理活动具有较强的复合性和相容性。领导和管理的界限并不总是清晰明确的。在现实生活中，一个人可能既是领导者，又是管理者；在从事管理工作的同时，也在承担领导工作。例如，公司的首席执行官（CEO）。

2.领导与管理的区别

领导是管理的重要组成部分，但又可以独立于管理存在。领导与管理之间的最大区别在于，领导是推动变革的力量，而管理则是程序化的控制工作。根据领导学的一般原理，领导与管理的区别主要体现在以下三个方面：

（1）领导具有全局性，管理具有局部性。领导者关注整体的发展和目标实现，而管理者更注重具体细节和任务的执行。

（2）领导具有超前性，管理具有当前性。领导者致力于未来的方向和愿景，而管理者更专注于当前的工作和问题解决。

（3）领导具有超脱性，管理具有操作性。领导者能够超越具体操作，思考战略和长远规划，而管理者更注重具体的操作和实施。

二、认知领导者

（一）领导者的含义

领导者是指在组织中经过选举、任命或自然涌现的个人或集体，具有能力引导和协调群体成员朝着既定目标努力，并具有影响力。领导者可以分为个人领导者和集体领导者。个人领导者包括拥有职权影响力的正式领导者以及通过个人影响力发挥作用的非正式领导者。

（二）领导者的角色

1.引导和指挥者

在集体活动中，领导者扮演着头脑清晰、具有远见的角色。他们帮助下属认识当前的环境和形势，并明确前进的方向和要达成的目标。领导者需要站在下属的前方，以自己的行动带领团队努力实现组织的目标，真正发挥引导和指挥的作用。

2.激励者

在当前阶段，人们依然通过劳动来谋生，但满足需求受到各种限制。当人们在学习、工作和生活中遇到困难、挫折或不幸，或者某些物质和精神需求得不到满足时，都会影响他们对工作的热情。因此，领导者的角色就显得尤为重要，他们需要帮助员工解决问题，激励他们鼓舞斗志，发现、充实和增强他们的积极进取力，以保持员工的工作热情和最大限度地调动他们的积极性。

3.协调者

现代组织是由许多人协同工作的集体，尽管组织有明确的目标，但由于个人的才能、性格、作风、地位、理解能力、工作态度、进取精神等方面的差异，以及外部各种干扰因素的存在，不可避免地会出现思想上的分歧和行动偏离目标的情况。因此，需要领导者来协调人际关系和活动，团结大家，朝着共同的目标前进。

实际上，领导者在现代组织中扮演着越来越多的角色。第一，他们充当着外交家的角色，平衡外部环境，协调与其他组织的关系，争取获得最佳支持和资源。第二，他们扮演着宣传员的角色，宣传组织的文化、理念和目标。第三，他们充当着调解人的角色，统一不同意见，化解组织内部的冲突。第四，他们也充当着观察家的角色，了解环境的变化和趋势，洞察组织的文化、结构、运作以及成员的微妙变化，形成理念，并加以引导。第五，他们还扮演着教师的角色，"训练"群体成员遵守组织规则，根据组织目标要求不断提高群体成员的能力和素质，以适应组织发展的需要。

📖 小思考4-1

在领导力发展中，如何培养具有创新、协调和绿色意识的领导者？

三、领导理论

（一）领导品质理论

领导品质理论主要研究领导者的品行、素质和修养，旨在说明优秀的领导者应具备哪些品质和特点。领导品质理论可根据对领导品质和特性来源的不同解释，分为传统领导品质理论和现代领导品质理论。传统领导品质理论认为，领导者的品质和特性是与生俱来的，由遗传因素所决定。而现代领导品质理论则认为，领导者的品质和特性是在领导实践中形成的，可以通过教育、训练等社会实践方式来培养。

领导品质的研究表明，领导者的智慧、自信、广泛的社会兴趣、强烈的成就欲望以及对员工的关心和尊重，与领导活动的有效性密切相关。此外，领导品质理论从不同角度系统地分析了领导者应具备的品质，为领导者设定了高标准。这对于激励、培养、选拔和评估领导者都有帮助。

（二）领导行为理论

领导行为理论主要分析领导者的领导行为和领导风格对组织成员的影响，旨在找出最佳的领导行为和风格。

1.四分图理论

四分图理论如图4-2所示。

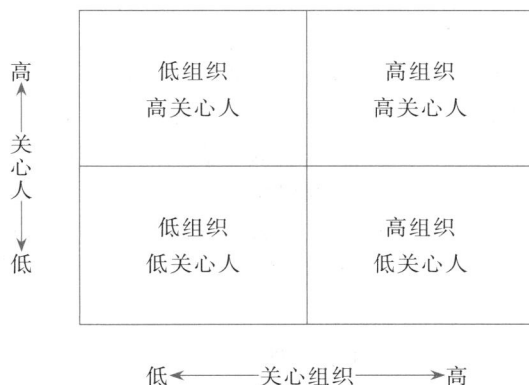

图4-2　四分图理论

根据图4-2，可以看到有四种不同的领导方式：①既不关心人，也不重视组织效率，这是最无能的领导方式；②领导者非常注重组织的效率、工作任务和目标的完成，但忽视了人的情绪和需求，这是以工作任务为中心的领导方式；③对人非常关心，但对组织效率漠不关心，这是以人为中心的领导方式；④领导者将对人的关心和对组织效率的关心看作同等重要，既能确保任务的完成，又能充分满足人的需求，这是最理想的领导方式。

2.管理方格理论

管理方格理论是在四分图理论的基础上发展而来的，它将对人的关心和对工作的关心用两个坐标轴表示，并将每个坐标轴划分为9个等份，共形成81个方格，代表81种不同的领导方式，如图4-3所示。

在方格图的四个角落和中间位置形成了以下五种典型的领导行为。

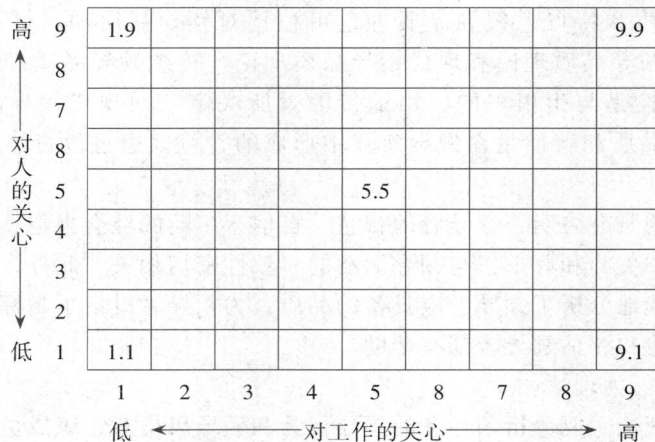

图4-3　管理方格理论

第一，1.1型：贫乏式管理。这种类型的领导者既不关心人也不关心工作，只做最基本的工作，试图以最低限度的努力实现组织目标。他们只在遇到大问题时才会采取行动，尽量避免麻烦。

第二，1.9型：乡村俱乐部式管理。领导者对人表现出极度的关心，对工作表现出极度的不关心。他们只注重组织内的人际关系，强调与下属之间的感情，试图营造和谐愉快的工作环境，但忽视了工作效率和进展，难以实现组织目标。

第三，9.1型：任务式管理。与1.9型相反，这种领导者极度关注工作，而不关心人。他们将所有精力都放在工作上，时刻关注环境变化对工作的影响。他们不关心员工的需求是否得到满足，尽可能减少人为因素对工作的影响，注重对下属进行控制以提高工作效率。

第四，5.5型：中间式管理。这是一种中庸的管理方式，领导者避免了1.9型和9.1型管理的极端情况，采取了折中的态度。他们既关心人，也关心工作，适度兼顾两者。这种领导方式既能按要求完成工作，又能保持一定的士气，提高组织成员的积极性，是一种平衡的领导方式。

第五，9.9型：团队式管理。领导者对人和对工作都非常关心，努力协调组织内的各种活动，确保组织目标与个人目标有机结合，使工作成为组织成员自愿参与的行为，积极参与组织的决策制定。组织成员能够相互鼓励、相互帮助，在团结奋进的团队精神下以更高的效率实现组织目标。管理方格理论认为，9.9型团队式管理是最理想的领导方式，领导者应该以此为方向反思和改进现有的领导方式。

小思考4-2

9.9型团队式管理的成功运用需要什么样的组织氛围与之匹配？

3.参与管理理论

美国密歇根大学的利克特（R.Likert）及其团队根据美国企业领导者在运用自身权力过程中所展现的专制独裁程度和民主参与程度的不同，将领导方式总结为以下四种类型：

（1）专制命令型：决策权集中在主管人员手中，领导者极为专制，对下属缺乏信任，主要通过命令和处罚来履行领导职责，偶尔也会使用奖赏激励下属。

（2）仁慈命令型：决策权较为集中，但一定程度上授权给下属，同时实行严格的政策控制。主管人员表现出对下属的信任和信赖，征求他们的意见，允许下属自下而上传递信息。领导者使用奖惩措施来履行领导职责。

（3）协商型：主管人员对下属有一定的但不完全的信任，通常试图考虑下属的意见和建议。信息传递是双向的。运用奖励（偶尔使用惩罚）和员工参与管理的方式激励下属。主要问题和政策由领导者决策，具体问题由下属决定或参与决策。上下级通过协商共同解决问题。

（4）集体参与型：各组织单位采取集体决策方式，主管人员完全信任下属，经常倾听并采纳他们的意见，信息在上下级之间流通顺畅，控制机制渗透到组织的各个角落，强调共同监督和自我控制。

（三）领导权变理论

领导权变理论主要研究领导行为和领导有效性的环境因素，即领导者、被领导者和领导环境之间的相互影响。其目的是阐明在不同情况下，哪种领导方式是最为适宜的。因此，该理论也被称为领导情境理论。

1.菲德勒权变模型

学者菲德勒认为，组织的环境情况主要涉及三个权变因素：领导者与下属之间的关系、工作结构的明确程度以及职权结构的权力强度。这三个因素的不同组合决定了领导者应采取相应的领导方式。具体的组合情况见表4-1。

表4-1　　　　　　　　　　　　菲德勒权变模型

组织环境类型	非常有利			中间状态			非常不利	
上下级之间关系	好	好	好	好	差	差	差	差
工作结构	高	高	低	低	高	高	低	低
职位权力	强	弱	强	弱	强	弱	强	弱
有效领导方式	任务导向型			关系导向型			任务导向型	

菲德勒认为，在非常有利或非常不利的组织环境中，任务导向型的领导者效率较高。因此，我们不能单纯地说哪种领导方式最好或最差，而需要综合考虑环境、领导者、下属、工作类型等因素，不同情况下适用不同的领导方式。

2.领导生命周期理论

该理论认为，领导者的行为应该根据下属的"成熟度"程度进行相应的调整，以实现有效的领导。领导方式应该由工作行为、关系行为以及下属的成熟程度这三个因素来决定。随着下属成熟度从低到高的变化，形成了一个领导生命周期，一般表现为"高工作、低关系→高工作、高关系→低工作、高关系→低工作、低关系"，如图4-4所示。

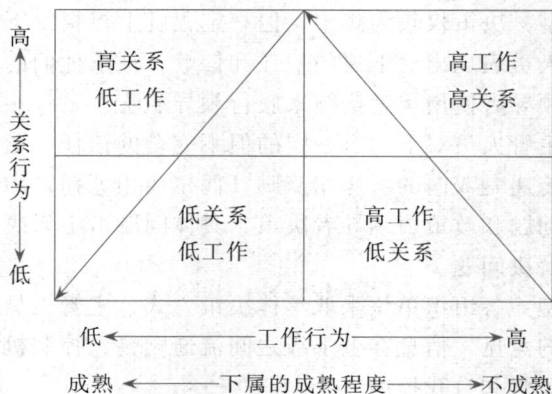

图4-4　领导生命周期曲线图

（1）高工作、低关系。高工作、低关系是一种命令式的领导方式，适用于成熟度低、缺乏经验和自觉性的情况。在这种情况下，有效的领导方式应该更加强调工作行为，明确规定工作任务并提供更多指导，而不应该给下属过多的自主权。

（2）高工作、高关系。高工作、高关系是一种说服式的领导方式，适用于下属工作经验和自我控制能力逐渐增加，进入稍成熟阶段的情况。在这种情况下，有效的领导方式是：一方面，在工作指导方面不能放松，但不是简单地下达命令，而是通过说服的方式，促使员工加强自我控制来完成工作任务；另一方面，应加强对员工的思想教育和沟通，鼓励他们努力工作。

（3）低工作、高关系。低工作、高关系是一种参与式的领导方式，适用于那些有能力完成领导分配的工作，但不愿意简单服从命令的部属。在这种情况下，领导者应该鼓励下属参与管理，以赢得他们的信任。

（4）低工作、低关系。低工作、低关系是一种授权式的领导方式，适用于那些既有能力又愿意负责的下属。他们可以独立且成功地完成工作，不需要领导者的指导。因此，有效的领导方式是授权给他们，让他们独立承担某一方面的工作，而不需要过多干预。

3.路径-目标领导理论

路径-目标领导理论强调领导者的工作是帮助下属实现他们的目标，并提供必要的指导和支持，以确保他们的个人目标与组织总体目标一致。该理论提出了四种领导方式。

（1）指令型领导，是指领导者明确给下属具体指令，让他们了解工作目标、时间安排和任务完成方法。这种领导方式的特点是领导者发布指令，下属不参与决策，只接受命令。

（2）支持型领导，是指领导者致力于创造一个舒适的工作环境，并表现出对员工的关心和需求的照顾。当下属遇到挫折或不满意时，这种领导方式对于影响下属的行为具有重要作用。

（3）成就指向型领导，是指领导者为员工设定具有挑战性的目标，并相信员工有能力和意愿去实现这些目标。

（4）参与型领导，是指领导者允许下属对上级的决策产生影响。在作出某些决策时，领导者与下属进行充分的讨论和协商，并在实施之前充分考虑下属的建议。

四、人性假设与激励

（一）激励的基本含义

激励是指通过采取一定的方法满足员工的需求和愿望，以激发他们的工作热情，使他们能够主动地发挥个人潜力，为组织作出贡献，并确保组织实现既定目标。

激励的概念可以从以下三个方面来理解：

（1）激励是一个过程。人的行为往往是在某种动机的推动下完成的。激励的本质是通过提供能够满足人们需求的刺激条件，引发行为动机，推动人们采取相应的行动来实现目标。随后根据人们的新需求设置新的刺激条件，如此循环反复。

（2）激励过程受到内外因素的制约。各种管理措施应与被激励者的内在因素，如需求、理想、价值观和责任感等相结合，才能产生更强的合力，从而激发和强化工作动机；否则，激励将无法产生作用。

（3）激励具有时效性。每种激励手段都有一定的时间限制，超过这个时间限度就会失效。因此，激励是需要持续进行的，不能仅止于一次。

（二）激励的机制

激励机制是通过特定的方法和管理体系，最大化员工对组织和工作的承诺的过程。它由时机、频率、程度、方向等因素组成。激励机制对激励效果有直接且显著的影响。

（三）人性假设理论

1.经济人假设

经济人假设是一种管理思想，它认为人们在工作中是以合理和精打细算的方式行事的。根据这一假设，人的行为是由经济因素推动和激发的，而经济因素是企业可以控制的。在这种观念下，人在组织中处于被动和受控制的地位。传统的管理思想认为，激励的主要手段是使用奖励和惩罚的方法，即通过给予奖励和施加惩罚来激发员工产生领导者和组织所需的行为。

2.社会人假设

社会人假设是指认为人受到社会需求的激励，集体伙伴的社会力量比上级主管的控制力量更重要。这一思想是人际关系论的初期观点。相应地，领导者应关心和体贴员工，重视员工之间的社会交往关系，通过培养和形成员工的归属感来激发员工的积极性，从而提高生产率。

3.自我实现人假设

自我实现人假设认为人具有自我激励、自我指导和自我控制的能力，追求提升自身能力和充分发挥个人潜力。据此，企业应将人视为宝贵的资源，提供具有挑战性的工作。传统的装配流水线作业破坏了员工间的社交关系，剥夺了工作的意义和挑战性，导致工人不满。自我实现人假设认为，将工作赋予意义和吸引力，能够激发员工的成就感，从而不需要其他外部激励。人可以在自我内在激励的驱动下，自动地发挥自身才能。

4.复杂人假设

复杂人假设认为现实组织中存在各种各样的人，不能简单地将所有人归类为前述的某一种假设。相反，我们应该意识到不同的人以及同一个人在不同场合可能有不同的动机和需求。因此，在激励措施上应该多样化，并根据具体情况灵活地采取适当的激励方法。

（四）人的行为基本模式

人的行为的基本模式如图4-5所示。

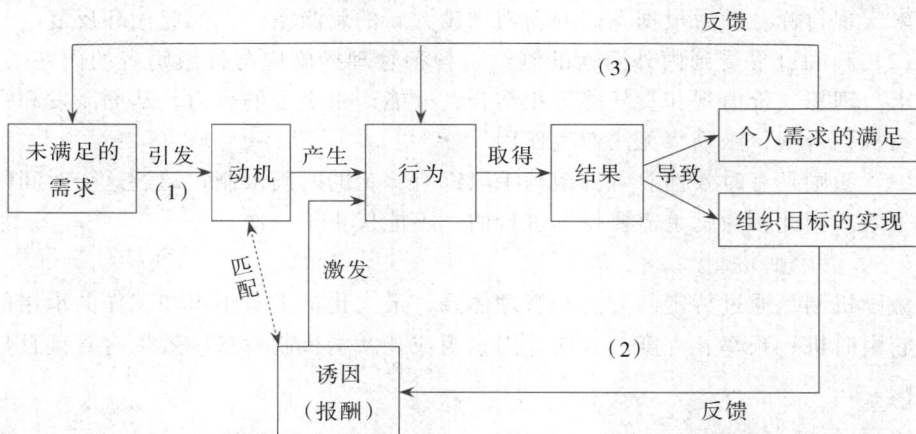

说明：（1）内容型激励理论；（2）过程型激励理论；（3）行为修正型激励理论

图4-5　人的行为的基本模式

领导者要激发员工朝着目标行动，首先需要了解人的需求、愿望、目标和各种动力，这构成了人类行为的动机。人的动机基于未满足的需求，无论是有意识还是无意识。当人渴望得到满足而未得到时，就会在生理和心理上失去平衡。为了恢复平衡，人们会努力追求所需的东西。内在需求形成了驱使人们行动的动机。需求满足的渴望越强烈，动机就越强，工作热情也就越高。

人的内在动机是促使人行动的基本原因，激励是一个心理过程。此外，人的行为不仅受内在需求和动机的驱使，还受外部环境的刺激影响。诱因包括物质刺激（如食物的香味、服装的款式、广告的宣传）和精神刺激（如群体规范、朋友劝告、表扬和信仰的力量）。外部刺激对人的行为影响的强烈程度取决于个人内心的感受。只有当人感觉到某物对自己有益时，才会被吸引或诱导。换句话说，外部刺激只有与个人内在需求匹配并共鸣，才能产生激励作用。因此，我们将吸引、诱导或激发人行为的刺激称为激励因素。激励因素与动机之间的关系，就像外因与内因的关系一样，前者需要通过后者起到激励作用。举例来说，同样的金钱奖励对某人可能是重要的回报，而对另一个人可能毫无用处，因此对他没有激励作用。因此，领导者在激励员工时，首先要了解他们的需求，然后提供适当的刺激或诱因来激发员工努力工作。这是内容型激励理论的核心观点。

（五）激励理论

1.内容型激励理论

（1）需求层次论。马斯洛在1954年提出了需求层次论，如图4-6所示。按照等级顺序，将人的需求分为五个主要类别，从低到高分别是生理需求、安全需求、社交需求、尊重需求和自我实现需求。只有当较低层次的需求得到基本满足后，人们才能提升到更高层次的需求，而已经得到满足的需求不再起到激励作用。通常情况下，较低层次的需求更容易满足，而较高层次的需求满足的可能性较低。每个人在特定时期都会有某个层次的需求占主导地位（称为主导需求），其他需求则处于从属地位。因此，领导者在激励工作中应主要关注主导需求并采取相应措施。

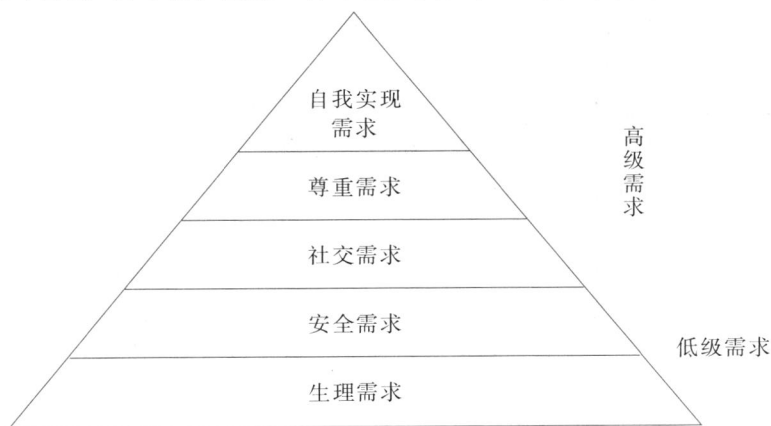

图4-6　需求层次论

（2）双因素理论。双因素理论基于对白领职员工作态度的问卷调查，并研究了激励手段与激励效果之间的关系。该理论认为，引起工作满意的因素与引起工作不满的因素是两类完全不同的因素，分别称为激励因素和保健因素。双因素理论提出，在激励下属的过程中，领导者一方面必须意识到保健因素是不可或缺的，以避免引起员工对工作的不满；另一方面更需要关注提供真正有效的激励因素，以使员工真实地感到满意并产生内在动力。至于这两类因素的具体构成，保健因素主要与工作环境和条件有关，例如公司政策与管理监督、工作的物质环境和人际关系、工资福利、工作安全和权力地位等。而激励因素主要与工作性质有关，例如具有挑战性的工作、取得成就感、得到赏识、承担更多责任、获得成长和发展机会等。激励因素的构成内容基本上对应于需求层次论中的第四层次的尊重需求和更高层次的自我实现需求，而其他层次的需求主要属于保健因素。

2.过程型激励理论

（1）期望理论。期望理论试图通过个人对组织提供的诱因或报酬奖励的价值判断（效价）以及对取得该报酬的可能性的预期（期望值）来解释人的行为。个人受激励程度取决于效价和期望值的共同作用。这些因素都是个人主观判断的结果。领导者在激励工作中必须意识到心理因素的影响。一方面，他们需要了解某项报酬对员工的吸引力，尽可能增加吸引力；另一方面，他们需要根据员工的能力合理分配工作和设定目标，以提高员工对通过个人努力能够实现预期结果的期望值。同时，他们需要确保个人的努力程度和工作绩效与他们所期望的报酬奖励密切相关。

（2）公平理论。公平理论主要从社会比较的角度研究激励的心理过程。在一个职业流动性很高的社会中，如果一个组织希望吸引现有员工继续留在组织内，或者吸引更多人加入组织，至少需要确保个人的贡献（个人付出的努力或投入）与个人所得的报酬或奖励相平衡。然而，由于缺乏评价个人得到的报酬与付出的努力是否相当的客观标准，人们常常通过将自己的付出和所得与他人的付出和所得作比较来衡量自己得到的报酬是否公平。因为比较的标准是由个人选择的，所以对公平性的感觉实际上只是一种主观判断。

3.行为修正型激励理论

强化理论是这类研究的典型代表。根据行为修正型激励理论，当某种行为的结果对个人有利时，该行为将会被强化并在未来重复发生；而当结果对个人不利时，该行为将减少甚至停止发生。

（1）正强化。奖励符合组织目标的行为，进一步加强这些行为，以促进组织目标的实现。正强化的刺激物包括物质奖励如奖金，以及精神奖励如表扬、晋升和改善工作关系。可以采取连续的、固定的正强化，也可以采取间断的、时间和数量不固定的正强化。

（2）负强化。惩罚不符合组织目标的行为，削弱并消除这些行为，确保组织目标的实现不受干扰。负强化的刺激物包括减少奖励或罚款、批评和降级。应以连续负强化为主，即对每次不符合组织目标的行为及时予以负强化，消除侥幸心理，减少并完全避免这种行为重复出现的可能性。

（3）不强化。对某种行为不采取任何措施，既不奖励也不惩罚。这是一种消除不合理行为的策略，因为如果一种行为得不到强化，其重复率会降低。

（4）惩罚。对不良行为进行批评或处分，以减少不良行为的重复出现。但惩罚可能引起怨恨和敌意，并且随着时间推移，其效果会减弱。因此，在采用惩罚策略时，需要因人而异，并注意方式和方法。

（5）综合策略。对某个人的不同行为采取多种策略。当存在两种互不相容的行为，即一种合理而另一种不合理时，可以采用综合策略，强化合理行为，减少或消除不合理行为。

强化理论强调，在激励下属行为时，领导者应根据组织的需求和个人的具体行为表现，以不定期、不定量的方式实施强化。这样，每次强化都能产生较大的行为刺激效果。

管理实践4-1

海底捞公司凭借独特而热情的服务取得竞争优势。这种优质服务的背后是管理层对员工的有效激励。海底捞将服务员视为"内部顾客"，并认为满足内部顾客的需求是实现外部顾客满意的前提。公司秉持"双手改变命运"的价值观，为员工创造公平公正的工作环境，并实施人性化、亲情化的管理模式。

1.轮岗和晋升

海底捞公司实行轮岗制度，员工可以在工作组内自由调换岗位，并且经常进行跨组岗位调换，但需要经过店面经理的同意。公司一直秉持"平等主义"的原则，无论是服务员还是大区经理甚至副总经理，都是根据能力来安排岗位。海底捞的高管团队都是从服务员逐步成长为管理者的，他们的成功经历对普通员工的成长起到了巨大的激励作用。

2.薪酬与福利

海底捞采取领先的薪酬策略，员工的收入在同类企业中处于领先地位，比平均水平高出10%～20%。此外，公司还提供丰富的福利待遇，包括员工保险、廉价员工集体公寓、免费的集体食堂、家政服务、带薪假日、重大节日的公司礼品等。高级员工还可以享受给父母的赡养金和给子女的教育补助金，并且管理层定期进行员工家访。海底捞员工可以住在市区的居民楼，而不是地下室，同时还能享受免费的家政服务。公司还有专门的家政服务人员，负责员工宿舍的日常清扫和员工衣物、床单被褥的清洗等工作。

3.考核与奖惩

海底捞公司的考核思路是以正面激励为主，负面惩罚为辅，主要采用关键事件法进行考核，主管会记录员工的平时表现作为考核依据，包括顾客评价、同事评价和上级评价等。根据这些记录内容，主管会进行粗线条的、不定期的考核。

在奖励方面，海底捞每个月评选一次先进员工并发放奖金。对于来自农村的基层员工来说，得到他人的认可和尊重是他们渴望的。因此，"标兵""先进员工"

"优秀员工"等称号对他们而言可能比奖金更为重要，这让他们感到公司对他们的认可和尊重，有效地激发了他们的工作热情和积极性。

在惩罚方面，如果员工在工作中出现失误，会受到通报批评。如果屡教不改连续出错，就会被处以象征性的罚款。但如果该员工之后表现有较大的进步，罚款会原额加利息返还。因此，惩罚措施更倾向于一种象征意义上的提醒和警示。

资料来源：王凤彬，李东，李彬. 管理学［M］. 5版. 北京：中国人民大学出版社，2018. 作者有删改。

（六）激励实务

1. 工作激励

（1）工作目标激励。工作目标激励是指员工自己或组织提出具有一定挑战性的工作目标，从而激发员工的积极性和工作动力。根据目标设置理论，为了确保目标对员工具有激励作用，应满足以下原则：①将组织目标转化为个人目标，使员工自觉地关注组织利益而非个人利益，提高激励的效果。②展现目标给员工看，管理者应不断运用智慧和管理才能，增强员工实现目标的自信心，提高员工对目标的期望值。③在制定组织目标时，要考虑组织外部需要和利益的影响，也要考虑组织内部的环境和条件，使各方面关系协调平衡。④在为员工制定目标时，需要考虑员工在目标面前的心态。⑤在设置目标体系时，需要同时考虑远期的总目标和近期的阶段目标。

（2）工作内容激励。在设计和分配工作内容时，应考虑员工的特长和爱好。管理者在进行工作设计和安排之前，需要了解每个员工的才能结构，确保分配给员工的工作与其能力相匹配，充分发挥其长处，合理利用人力资源，使每个人都从事他们最擅长的工作。员工的工作绩效与其动机密切相关，在设计和分配工作时，如果条件允许，应尽可能将员工的工作与其兴趣爱好结合起来。当一个人对某项工作充满兴趣时，他会不遗余力地钻研、努力克服困难，全力以赴地完成这项工作。

（3）工作过程激励。工作过程激励是指工作本身给员工带来的激励，主要通过丰富工作内容来实现。为了实现工作内容的丰富化，可以采取以下方法：①给予员工更多的自主权，例如弹性工作时间和让员工自行决定如何实现目标，以增加员工的工作责任感。②将现有的几项工作合并起来，或将过去一项工作的几个程序整合在一起，委派给一个人来完成，使得技术具有多样性，任务具有完整性。③成立作业团队，加强员工与同事之间的联系，必要时与顾客进行沟通。④实现工作的多样化，可以从垂直工作加重和水平工作加重两个方面入手。

2. 奖励激励

（1）按绩效分配奖励，即根据工作绩效的好坏直接支付报酬。这使得每个员工都专注于自己的工作，并根据工作成果获得相应的报酬。例如，计件工资制度就是按绩效计算报酬的一种方式。

（2）实行效益分享，即将奖励与员工对组织的贡献直接挂钩。这是一种将组织的效益与员工的收入相联系的管理方法。它鼓励员工集思广益，积极解决组织在质量、生产力和其他方面面临的问题。因为员工的贡献能够带来组织绩效的提升，他们将获得相应的奖励。例如，合理化建议奖、新产品开发奖和利润分享制度等。

（3）按劳分配是根据工作量支付报酬的原则。从理论上来说，工作业绩与工作数量并不一定有必然的联系。因此，组织应该按照员工的工作业绩而不是工作努力程度来支付报酬。然而，在实践中，很多工作无法用客观标准来衡量业绩的大小。此外，在一个组织中，许多工作的完成是团队努力的结果，很难量化个人的努力成果。在这种情况下，管理者只能根据对每个员工工作量的评估来进行奖惩，例如工作量考核制度。

（4）目标考核法，即根据一定的指标或评价标准来衡量员工完成既定目标和执行标准的情况，然后根据衡量结果给予相应的奖励。这种方法比较适合对管理人员进行考核。它通过预先确定的目标和考评标准，对实际业绩进行衡量，并根据目标达成程度给予相应的奖励，例如岗位经济责任制。无论采用哪种方法，对员工的绩效评价都必须做到客观公正。

3.培训和兴趣激励

（1）培训激励。通过培训，可以提升员工实现目标的能力，为他们承担更大责任、挑战性工作和晋升到更重要岗位创造条件。在许多知名公司中，培训已成为一种正式的奖励方式。培训在激励中扮演重要角色，特别是对年轻员工更具吸引力。

（2）兴趣激励。只要管理者能够重视员工的兴趣因素，就能实现预期的精神激励效果。国内外许多企业允许甚至鼓励员工在企业内部进行双向选择和合理流动，帮助员工找到他们最感兴趣的工作。兴趣可以导致专注甚至入迷，这正是员工获得突出成就的重要动力。

4.参与决策和员工持股计划激励

（1）参与决策激励。在知识经济时代，组织将员工视为战略合作伙伴，鼓励他们与组织的经营者共同参与决策过程。适当地让员工参与决策，既能激励员工发挥自己的智慧和才能，实现个人价值，又能为组织获得有价值的意见，改进工作，提高效率，从而实现更高的效益目标。

（2）员工持股计划激励。通过员工持股计划可以更有效地激发员工的积极性，增强他们对企业的归属感，加强企业的凝聚力，吸引人才并降低人员流动率，从而提高企业的经济效益。因此，国内许多企业也开始实施员工持股计划。

五、领导方式与领导艺术

（一）领导方式

1.以领导活动的侧重点为标准进行划分

（1）任务取向的领导方式：任务取向的领导方式注重组织效率，关注组织设计、明确职责关系以及工作目标和任务。

（2）人员取向的领导方式：人员取向的领导方式尊重下属的意见，重视员工的情感和需求，并强调建立相互信任的氛围。

2.以领导活动的行为方式为标准

（1）命令式领导方式：命令式领导方式是一种以强制性为基础的指挥方式，常被正式领导者使用。在这种方式下，领导者与被领导者之间纯粹是一种命令与服从、指挥与执行的关系。

（2）说服式领导方式：说服式领导方式更符合领导学原理，建立在领导者的影响力之上。领导者的威信、人格和能力是说服式领导方式取得成功的关键。与命令式领导方式相比，说服式领导方式在领导者作出决策后，不仅向下属发出指令，还会通过双向沟通方式进行宣传和教育，使下属了解工作任务要求和组织的整体目标，从而提高他们的积极性。

（3）示范式领导方式：示范式领导方式是一种较为保守的领导方式，建立在下属对领导者的主动归依和主动模仿之上。

3.以领导者权力运用状况为标准

（1）集权型领导方式：集权型领导方式也被称为独裁或专制的领导方式。在这种方式下，领导者独自作出决策，然后发布指示和命令，明确规定和要求下属或部门应该做什么和如何做。在决策过程中，下属没有参与权和发言权。

（2）参与型领导方式：参与型领导方式在决策工作中让下属以各种形式参与。这种领导方式的特点包括：领导者与被领导者之间进行双向沟通；尊重员工的民主权利，他们的意见能够影响决策；提高决策的科学水平，减少决策失误；有利于决策的实施和执行。

（3）宽容型领导方式：在这种方式下，领导者向下属人员或部门进行高度授权，让他们相对独立地完成任务和处理问题。宽容型领导方式可以具体分为放手型和放任型两种方式，见表4-2。

表4-2　　　　　　　　　　放手型领导方式和放任型领导方式

领导方式	领导特点
放手型领导方式	指上级为下级设定工作目标和方向，提出完成任务的大致要求和期限，同时授予下属完成任务所需的权力。在工作过程中，领导者只进行宽松的监督和控制
放任型领导方式	指领导者对下属实行高度的授权，下属可以完全独立地开展工作。领导者在这种方式下给予下属极大的自由度和自主权

（二）领导艺术

1.决策的艺术

（1）决策前注重调查：领导者在作决策前应进行充分的调查研究，了解各种情况。尤其要重视员工的情绪和呼声，将其作为决策的重要参考，不能盲目决策。

（2）决策中注意民主：领导者在决策过程中应积极发扬民主，优选决策方案。特别是在面对非常规决策时，要按照"利利相交取其大、弊弊相交取其小、利弊相交取其利"的原则，适时作出决策。不能草率决策，也不能错失良机。

（3）决策后狠抓落实：一旦决策确定，就要认真地贯彻执行。言必信，信必果，不能随意更改决策。一个领导者在工作中频繁变化策略，是不成熟的表现。要保持稳定性和一贯性，确保决策的有效实施。

2. 用人的艺术

（1）合理选人的艺术。在实践中，领导者需要具备挑选合适人才的能力，像伯乐一样有一双"慧眼"，能够找到适合的人才来承担相应的工作和任务。领导者在选拔人才时需要有广阔的胸怀，能够容忍人的缺点和错误。容忍人才的最高境界就是容忍人的过失，这是一种高尚的品德。

（2）科学用人的艺术。①要敢于用能人，用好能人。②善于用人所长。③疑人不用，用人不疑。

（3）有效激励的艺术。领导者要调动大家的积极性，就要学会如何去激励下属。①激励注意适时进行。②激励注意因人而异。③激励要多管齐下。领导者在激励员工时，应以精神激励为主，辅以物质激励。只有建立这样的激励机制，才能实现长期有效的激励。④使组织目标转化为个人目标。

3. 与人合作的艺术

（1）对上级要尊重，积极帮助解决问题，支持上级的工作。

（2）对同级要真诚合作，遵循"权力不争、责任不推卸、通力合作"的原则。

（3）对下级要尊重，给予充分的授权，允许他们有自主权。

4. 时间管理的艺术

领导者在管理时间方面需要注意两个方面：第一，善于掌握自己的时间；第二，不要随意浪费他人的时间。时间是一种无形的稀缺资源，领导者不能忽视它，更不能浪费它。领导者的时间可以分为两部分：一部分是无法控制的时间，用于应对他人提出的各种需求和问题，称为响应时间；另一部分是领导者可以自主控制的时间，称为自由时间。

时间管理的关键是如何合理利用自由时间。为了更好地利用自由时间，领导者需要明确每项活动在一定时间内的重要性和紧急性，可以将每项任务按照重要性和紧急性进行排序。首先处理最重要、最紧急的事情，将不紧急的事情留到有时间时再处理，将不重要的事情委托给他人处理。

案例4-1　　　　　　　　　　顺丰快递"护犊子"的领导风格

2016年4月，北京一名顺丰快递的基层员工无辜被殴打并且被曝光到网络，随即顺丰总裁王卫发声："我王卫向着所有的朋友声明！如果这事不追究到底，我不配做顺丰总裁。"顺丰官微也第一时间发声："我们的快递小哥大多是20多岁的孩子，他们不论风雨寒暑穿梭在大街小巷，再苦、再累也要做到微笑服务，真心希望发生意外时大家能互相理解，首先是尊重。我们已找到这个受委屈的小哥，顺丰会照顾好这个孩子，请大家放心。"

王卫的"护犊子"折射出顺丰快递领导风格或领导艺术的一面，事后证明这起殴打快递员事件背后确实隐藏着职业歧视，但王卫第一时间暴怒发声，换来的是无数顺丰快递员的追随。

分析：

领导风格的多样性可以被视为领导艺术的一种体现，这种艺术没有绝对的好坏之分，关键在于领导行为产生的效果。从社会的反馈来看，顺丰快递总裁王卫在面对顺丰快递员被殴打这一事件时展现的领导应变能力，正好符合了中国公众对领导者的期待，而他的行为所产生的社会影响也是显而易见的。

资料来源：胡晓琼，等．共享员工：组织、领导与变革［M］．北京：企业管理出版社，2021.作者有删改。

第二节　沟通与协调

一、沟通

（一）沟通的含义

在管理学中，沟通是指信息交流的过程，是将某一信息传递给客体或对象，以期获得相应的反应效果。沟通在组织中的作用就像血液循环对于生命有机体一样重要。血液向细胞提供氧气，没有氧气，细胞会出现功能失常甚至死亡。同样，沟通确保组织内各部门和个人获得工作所需的信息，并促进相互了解和合作。缺乏必要的沟通将导致组织内部的混乱，进而导致整个组织的运转故障。沟通在管理人员的工作中占据非常重要的地位，特别是在领导工作中更加重要，但要实现有效的沟通并不容易。

（二）沟通的要素与过程

沟通过程是指信息的发送者（信息源）与接受者之间传递信息的过程。如图4-7所示，沟通过程主要涉及下列八种要素：发送者、编码、信息、渠道、解码、接收者、反馈、干扰。

（1）发送者：沟通的主体，负责提供信息，将思想或意图编码成可传递的形式。

（2）编码：将思想、观念、想法、情感等信息内容转化为语言或非语言符号。编码的方式受到技巧、态度、知识和社会文化系统等因素的影响。

（3）信息：经过编码后进入沟通渠道的有用信息。编码的选择和处理程序可能会对信息进行扭曲。

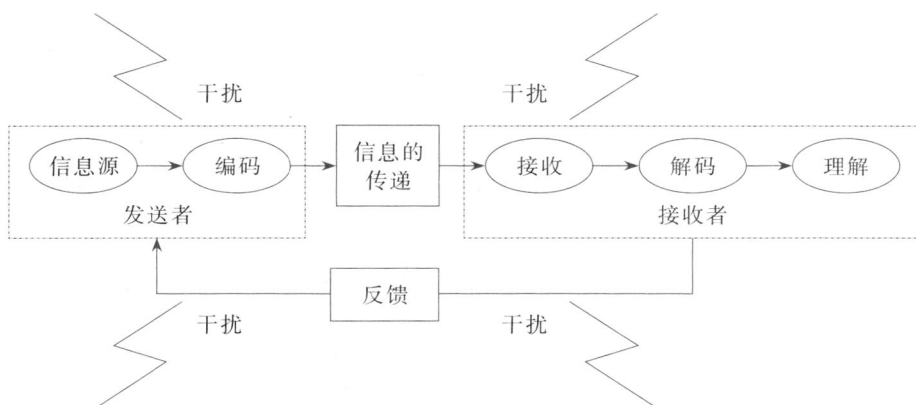

图4-7 沟通的过程

（4）渠道：信息的传递载体，发送者可以选择使用的媒介。常见的信息渠道包括口头和书面渠道。

（5）解码：接收者在接收信息之前，需要将编码的信息解读成能够理解的形式。这个过程可以看作对信息的解密。

（6）接收者：信息的接收对象，指接收信息的人或群体。

（7）干扰：在整个沟通过程中，会受到各种干扰因素的影响，这些干扰因素被称为噪声。噪声会影响信息的传递效果，每个沟通要素都可能受到干扰的影响。

（8）反馈：反馈是评估信息传递程度的手段，通过反馈可以确定信息是否被接收者完全理解。简而言之，反馈是接收者将接收到的信息经过处理后再传递给发送者。

每个沟通要素都很重要，任何一个要素出现问题，沟通效果都会受到影响。

知识链接4-1

沟通与领导的关系

（三）沟通管理

1.有效沟通的障碍

（1）个人因素（见表4-3）。

表4-3　　　　　　　　　　　　　　个人因素

因素	内容
个性因素	个体的性格、气质、态度、情绪和观点等差异都可能成为信息沟通的障碍
知识、技能水平的差距	信息沟通时，如果双方的知识、技能水平相差太大，就会造成沟通障碍
对信息的态度不同	在管理活动中，存在着对信息作用的认识差异。在团队中，不同成员对信息有不同的看法，并且选择关注的重点也不相同。许多员工只关注与他们个人物质利益相关的信息，而忽略了组织目标和管理决策等方面的信息，这也成为了信息沟通的障碍

因素	内容
相互信任程度	在有效的信息沟通中，相互信任是必要的前提。管理者在进行信息沟通时，应该以开放的心态听取意见，并鼓励下属充分表达自己的观点，这样才能获得全面可靠的信息，才能作出明智的判断和决策
沟通者的畏惧感及个人心理品质	在许多情况下，下属的恐惧心理和沟通双方的个人心理品质会构成障碍。一方面，如果上级过于严厉，给人难以接近的印象，或者管理人员缺乏同情心，不愿意关心下属的情感，都可能导致下属产生恐惧心理，影响正常的信息沟通；另一方面，不良的个人心理品质也会成为沟通障碍的因素
知觉选择偏差	知觉选择性的障碍既有客观因素，也有主观因素。客观因素包括信息中不同部分的强度和对接收者的重要性等，而主观因素与在知觉选择时的个人心理品质有关

（2）组织因素。在管理中，合理的组织结构对信息沟通非常重要。然而，如果组织结构过于庞大，中间层次过多，那么信息从最高决策层传递到下属单位时容易产生失真，并且会浪费大量时间，影响信息的及时性。同样地，自下而上的信息沟通如果中间层次过多，也会浪费时间，影响效率。此外，在筛选过程中，也会涉及大量的主观因素，特别是当发送的信息涉及传递者本身时，可能由于心理原因造成信息失真。

2.有效沟通的实现

（1）有效沟通的原则。要有效地管理信息沟通，必须在信息沟通过程中遵循表4-4所列原则。

表4-4 有效沟通的原则

原则	内容
完整性原则	信息的完整性要求沟通者回答所有问题，并在必要时提供额外的信息
对称性原则	在沟通中，提供的信息应该是准确和对称的，对双方都是公平的。信息的来源也应该是准确和可靠的，这是对称性的基本要求
对事不对人原则	在"对事不对人"的原则下，沟通双方应该专注于问题本身，提出观点，并充分尊重对方的自尊心
责任导向的定位原则	责任导向是一种在沟通中引导对方承担责任的模式。沟通可以分为显性沟通和隐性沟通。显性沟通通常使用第一人称表达方式，而隐性沟通则使用第三人称或第一人称复数。隐性沟通通过将第三者或群体作为主体来避免对信息承担责任，从而回避真正交流自身情况的情况

原则	内容
事实导向的定位原则	以描述事实为主要内容的沟通方式是一种有效的沟通方式。管理者首先应该描述需要改进的情况，这种描述应该基于客观事实或公认的标准。其次，管理者可以描述可能产生的后果。最后，管理者可以提供具体的解决方案或引导员工主动寻找可行的解决方案
保证信息传递质量的原则	传递信息时，需要区分不同的对象，并注意信息传递的目标，确保信息的有效性。在提高信息针对性的同时，要考虑信息的适用范围和保密度，避免信息扩散和泛滥，以免给员工带来不必要的心理负担。此外，还应适当控制信息的数量，选择合适的传递渠道，避免过度使用非正式渠道

（2）有效沟通的技巧。

① 需要提高对沟通重要性的认识，并正确对待沟通。

② 改善人际关系也是重要的。

③ 需要提高组织沟通网络的技术。有效的组织沟通意味着及时以正确的形式向必须沟通的人提供准确的信息。为此，管理人员必须在组织内建立起有效的沟通渠道，尤其是非正式的、开放式的渠道。

④ 需要控制信息流程。控制信息包括控制信息的质量和数量。首先，考虑授权下属处理某些信息，并要求他们有选择地向管理者报告重要信息。其次，让下属对收集的信息进行浓缩，口头沟通时要求他们列出要点。最后，让下属根据信息的重要程度进行分类。这样，就可以确定信息之间的优先次序，同时也不会遗漏或忽略重要的信息。

⑤ 作为管理者，需要主动倾听各种不同的意见。

要真正欣赏他人和他们所说的话，我们需要提问、反馈、保持话题，分清已经说过的和未说的内容，并且观察和理解讲话人的身体语言。正如一句谚语所说："倾听是最高的恭维。"

实践演练4-1

沟通是华为文化与用人之道中非常重要的一部分。为了防止在工作过程中出现对接障碍，华为要求其员工在项目启动前进行充分的沟通，在适当的时间、将适当的信息、通过当前的渠道，将信息传递给相关的利益方，做到沟通及时、信息准确和严格控制信息传递的量，这就是华为的沟通三原则。

为了保证信息交流的流畅，华为要求所有的工作人员在沟通中必须提前制订沟通计划，明确信息沟通的相关人、信息沟通形式、信息发放时间和发放方式等内容，并制定详细的信息发放日程表。

华为的项目沟通主要分为与关键者沟通和与项目团队沟通。对于关键者，项目团队在沟通过程中需要关注谁需要项目的信息、需要项目的哪些信息、采用何种方式才能够最大限度地传递信息。对于与项目团队的沟通，华为采用的沟通方式主要是召开项目例会。

华为用制度和原则将沟通措施确定下来，确保了华为基层员工与管理人员以及高层管理者能够进行高效率的双向沟通，从而解决各种问题。

请回答下列问题：

1. 华为在沟通中应用了哪些原则？

2. 华为的沟通原则能够带来哪些启示？

资料来源：张振刚，李云健. 管理沟通：理念、方法与实践［M］. 北京：清华大学出版社，2022. 作者有删改。

二、协调能力

知识链接4-2

沟通与协调的关系

（一）协调的含义

协调是指领导者运用权力、威信以及各种方法和技巧，将组织活动中的资源、关系、层次、环节和因素整合起来，使它们协同行动，形成组织活力和社会合力，以实现组织目标并取得组织绩效的过程。

（二）协调的方法

为了有效地进行协调，必须针对造成执行行为受阻的不同原因采取不同的方法，见表4-5。

表4-5 协调的方法

方法	内容
信息沟通法	具体的方法包括使用谈心法和开座谈会法。通过谈心法和开座谈会法，我们可以促进有效的沟通，增进理解和协调，从而解决执行过程中可能出现的问题
利益调节法	具体的方法包括使用"中间数"法、冷处理和热处理法以及求同存异法。通过这些方法，我们能够更好地处理利益矛盾，促进执行行为的顺利进行
行政命令法	具体的方法包括主体合流法和当面表态法。通过行政命令法，我们可以迅速协调各方的利益，解决执行过程中可能出现的问题。这有助于确保执行行为的顺利进行

（三）组织目标的协调

企业组织的目标分为三个层级。第一层级是战略目标，即制订3~5年的目标规划，适用于整个组织。第二层级是策略目标的管理，中层领导者根据组织的战略目标和本部门的实际情况，制订2~3年的发展计划。最后一个层级是目标的决断，由每位实际工作中的管理者根据战略目标和策略性目标制订行动计划。主管人员的核心任务是将分散的目标协调到组织目标上来。目标的决断和执行是组织目标协调的两个最重要的职能。

（四）工作关系的协调

为什么在工作关系中强调协调呢？因为组织是由个性各异、千差万别的员工组成的，因此，在工作中，领导者需要采取不同的领导方法来引导不同的下属。为了提高工作关系协调的绩效和水平，我们需要运用权变管理理论。通过运用权变管理理论，我们可以灵活地应对不同的工作情境，有效地协调工作关系。这样做可以提高组织的协同效应，推动组织目标的顺利实现。

（五）人际资源的协调

人际资源的协调是指领导者将组织中人与人之间的关系视为重要资源，并进行整合的管理过程和管理能力。人际资源协调的重点在于下行协调和上行协调。下行协调是指领导者与下属之间的协调，通过有效的沟通和合作来实现共同的目标。上行协调是指领导者与上级之间的协调，确保组织目标与上级要求的一致性。

1.下行协调

（1）调动下属的积极性是下行协调的第一要点。首先，要强调人本化管理，即以人为本，充分开发人才资源。其次，要善于激励管理，以调动下属的积极性。

（2）正确处理一把手和副手的关系（主要从一把手视角）是下行协调的第二要点，也涉及正职和副职、上级和下级之间的关系问题。领导者需要建立良好的合作与沟通机制，明确各自的角色和责任，确保协调工作的顺利进行。领导者应该充分信任和支持副手，共同推动组织的发展和目标的实现。

2.上行协调

（1）要当好下属。作为下属，有以下六个方面的要求：①对工作负责，追求卓越。②准确理解上级工作意图。③调整工作思路，与领导合作。④积极接受指令，虚心接受批评。⑤事前请示，事后报告。⑥在意见不一致时，遵循组织理论执行上级决策。

（2）正确处理正职和副职的关系（主要从副职视角）。①明确角色定位，既要有自己的主见，又要灵活变通；承担更多任务，但不争权；尽职尽责，不争功；行使职权，不越位；分担压力，维护正职威信。②发挥副职作用。既要坚守原则，又要履行职责；在维护团队决策和执行方面发挥重要影响力，保持主见但不固执；对于员工成长，副职是不可替代的台阶，有优秀的副职和下属，才能有出色的正职表现。

复习思考题

1.领导的本质是什么？

2.如何理解领导与管理的关系？

3.你比较欣赏哪种领导方式，为什么？

4.什么是激励？如何进行激励？

5.如何理解激励理论中的期望理论？

6.有人说金钱是最有效的激励因素，你认为是这样吗？试运用有关的激励理论对这句话作出评论。

7.什么是沟通？简述沟通过程及要素。

8.结合实际，谈谈如何提高沟通效果。

9.协调的方法有哪些？

第五章

控制管理

学习目标

法约尔曾说过："控制对每件事、每个人、每个行动都起作用。"由此可见，控制应贯穿于管理工作的每个阶段、每个部门，每个管理者都有控制职责。另外，在当前复杂多变的经济环境中，一次又一次的危机不断向组织和个人提出挑战，由于人们对危机的认识和防范的不足，以及缺乏完善的危机管理体系，常常导致组织陷入困境。因此，正确理解和管理危机是组织有效避免危机和应对危机的前提。

通过本章的学习，应达到以下目标：

【思政目标】

※培养学生正确的价值观和道德观，以合法合规的方式进行控制管理。

※培养学生对危机管理的意识和危机应对能力，以应对经济环境中的各种挑战和危机情况，并且能够在危机管理中坚持道义原则，遵守法律法规。

【知识目标】

※了解控制的内涵，掌握控制的类型；通过了解控制原理，理解一个完整的控制过程包括的步骤；熟悉有效控制的原则并掌握各种控制方法的基本原理。

※了解危机及危机管理的含义与特征，掌握危机控制的基本原则，掌握危机应对的基本策略。

【能力目标】

※培养学生控制意识和危机管理意识，使学生初步具备控制的管理能力和掌握应对危机的基本策略。

第一节 控制与控制方法

一、控制的内涵

控制是管理者根据预定标准，对组织的各项工作进行检查、监督和调节的管理活动过程，以确保实际工作与计划要求相一致。其核心是使工作按计划进行，或适当调整计划，以确保组织的目标和制订的计划能够实现。

控制是一个信息反馈过程，需要考虑两个前提条件：控制标准和控制机构。控制标准是进行控制工作的基础，制定控制标准的依据是计划、组织目标以及专业规范。而控制机构则需要明确和完整的组织结构。这包括两个方面：首先，需要有专门负责控制职能的组织机构，明确指定哪个部门、职位和人员负责哪种控制工作。如果没有明确的控制机构，就无法有效履行控制职能。其次，各个部门和岗位的职责必须明确规定。只有这样，在控制工作中发现偏差时，才能明确责任和采取必要的纠正措施。

控制工作的三个基本要素是控制标准、偏差信息和矫正措施。它们相互关联、相互依存，缺一不可。控制标准是预先设定的工作标准和计划标准，用于检查和衡量实际工作。如果没有控制标准，就无法对实际工作进行衡量和控制。偏差信息是指实际工作情况或结果与控制标准或计划要求之间的偏离情况。如果没有这方面的信息，控制活动就无法继续进行。矫正措施是根据偏差信息作出调整决策并付诸实施。根据实际情况和需求，可以矫正实际工作或修正计划和标准。这是控制过程中的关键环节。

知识链接5-1

计划与控制的
关系

二、控制的类型

根据控制点的不同时间，控制可分为预先控制、现场控制、事后控制，如图5-1所示。

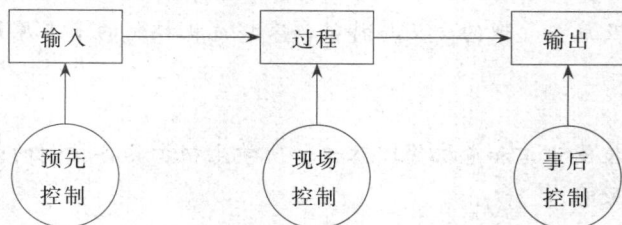

图5-1 控制的基本类型

（一）预先控制

预先控制，也称为前馈控制，是一种未来导向的管理方法，旨在在工作正式开始之前预测和估计可能出现的偏差，并采取相应措施以在其发生之前消除。在企业中，预先控制可以通过制定一系列规章制度来确保员工的遵守，从而保证工作的顺利进行。此外，为了生产高质量的产品，还可以通过对原材料质量进行控制等方式来进行预先控制。

通过预先控制，企业可以在问题发生之前就采取相应的措施，降低风险，提高工作效率和产品质量。这种方法强调提前的预测和干预，以避免问题的发生，从而为企业创造更好的运营环境和竞争优势。

管理实践 5-1

许多公司正面临严重的危机，但可悲的是，CEO 们还没有意识到这一点。这些危机征兆包括：

（1）盲目的自信：他们坚信每一项决策都是正确的，没有可能犯错。

（2）推卸责任：即使他们承认存在问题，也会将责任归咎于他们之外的其他人或事物。

（3）逃避问题：他们忙于处理那些容易应对的事情，而不是处理那些对整个公司产生重大影响的事务。

（4）盯着过去：在评估当前行动时，总是坚持说"我们一直这样做"，而不愿意作出改变。

（5）盲目乐观：拒绝承认负面消息，相信问题总会自行解决。

（6）树立坏榜样：对自己宽容，对他人严厉。

（7）脱离群众：下属、董事会成员和外部人员都没有向 CEO 发出警告或告知其情况已经严重到快要失去控制的程度。

资料来源：王丽静. 管理学基础［M］. 北京：中国轻工业出版社，2017.作者有删改。

（二）现场控制

现场控制是指在工作进行时进行的控制方法，也称为同步控制或同期控制。它主要包括监督和指导两个职能。监督是按照预定的标准检查正在进行的工作，以确保目标的实现；指导是管理者根据自己的经验，针对工作中出现的问题指导下属进行改进，或与下属一起商讨纠正偏差的措施，以确保工作人员能正确完成任务。管理者亲临现场观察是最常见的现场控制活动。现场控制在指导方面发挥作用，有助于提高工作人员的工作能力和自我控制能力。然而，现场控制也存在一些缺点。首先，运用这种控制方法容易受到管理者时间、精力和业务水平的限制。管理者不能时时刻刻都进行现场控制，只能偶尔使用或在关键项目上使用。其次，现场控制的应用范围较窄。对于那些难以辨别问题、难以衡量成果的工作，如科研和管理工作，几乎无法进行现场控制。最后，现场控制容易导致控制者与被控制者之间心理上的对立，可能损害被控制者的工作积极性和主动性。

（三）事后控制

事后控制是工作结束后进行的一种控制方法。它主要关注工作结果，通过测量、比较和分析工作结果，采取相应措施来纠正未来的行动，因此常被称为反馈控制。事后控制的主要缺点是在实施纠正措施之前，偏差已经发生。事后控制可以为管理者评估计划制订和执行提供有用的信息，人们可以通过事后控制了解组织活动的特点和规律，为进一步实施预先控制和现场控制创造条件，实现控制工作的良性循环，并在不断的循环过程中提高控制效果。

在实际应用中，很少有组织仅采用一种控制方式，而是综合运用预先控制、现场控制和事后控制这三种方式，对资源的输入、转换和输出进行全面的控制，以提高控制效果。预先控制可以做好准备，预防潜在风险，但某些突发事件是无法预料的，这时需要结合现场控制，否则之前的努力可能会付诸东流。无论是预先控制还是现场控制，都需要通过事后控制来进行验证，因为计划的执行情况需要有真实的业绩支撑，而不仅仅是想象。此外，在循环发展的过程中，前一个阶段往往采用事后控制，而后一个阶段则更适合预先控制。此外，现场控制也需要准备和积累才能发挥作用。

三、控制的原理与过程

（一）控制的原理

1.反映计划要求

这条原理可表述为：控制是确保计划实现的重要手段。控制的目的是实现计划，因此，明确、全面、完整的计划可以更好地反映在设计的控制系统中，从而使控制更加有效。每项计划和工作都需要设计相应的控制系统和进行相应的控制，虽然基本过程是相似的，但在确定标准、控制关键点和重要参数、收集信息、评定绩效的方法以及控制和采取纠正措施的责任等方面，必须根据不同计划的特殊要求和具体情况进行设计。

尽管某些控制技术如预算、定额工时、定额费用和财务比率等在不同情况下得到广泛应用，但不能认为任何一种方法都适用于任何一种情况。主管人员需要经常了解计划以及在实施过程中需要控制的关键因素，并注意利用适合他们的方法和信息。

2.组织适宜性

组织适宜性原理可以简洁地表述为：组织结构的设计越明确、完整和完善，相应的控制系统就越符合职责和职务的要求，从而更有助于纠正偏差。控制不仅需要及时发现执行过程中的偏差，还需要明确责任和采取纠正措施的责任归属。组织适宜性原理还涵盖了考虑每个主管人员的个人特点的意义。在设计控制系统时，不仅要考虑职务要求，还要考虑担任该职务的主管人员的个性特点。

3.控制关键点

这条原理可以简洁地表述为：为了实现有效的控制，需要特别关注衡量工作绩效的关键因素，这对于各种计划都具有重要意义。控制效率的要求强调了控制关键点原理的重要性。控制效率指的是以最低的成本或其他代价来检测和解释实际或可能偏离计划的偏差及其原因。如果控制方法符合这一要求，那么它就是有效的。对于控制效率的要求是控制系统的一个限制因素，这在很大程度上决定了主管人员只能选择一些关键因素来进行控制，而这些因素在他们看来是重要的。

4.控制趋势

这条原理可以简洁地表述为：对于控制整体情况的主管人员来说，关键是关注现状所预示的趋势，而不仅仅是现状本身。通常情况下，趋势是多种复杂因素综合作用的结果，它在较长的时间内逐渐形成，并对管理工作绩效产生长期的影响。趋势往往容易被现象所掩盖，不容易察觉，也不容易控制和扭转。控制趋势的关键在于从现状中揭示出潜在的趋势，特别是在趋势初现时就敏锐地察觉到，这也是一种管理艺术。

5.例外原理

这一原理可以简洁地表述为：主管人员越将注意力集中在特别好或特别坏的例外偏差上，控制效率越高。质量控制中广泛应用例外原理来控制工序质量，目的是检查生产过程的稳定性。如果影响产品质量的主要因素如原材料、工具、设备、操作工人等没有显著变化，那么产品质量不会有很大差异，可以认为生产过程是稳定的，工序质量处于控制状态。相反，如果生产过程出现违反规律的异常状态，应立即找出原因并采取措施恢复正常状态。

📖 **小思考5-1**

你是否认为越全面、越严格的控制越好？按照控制关键点原理和例外原理进行控制，是否可能导致控制工作无效或不力？在你看来，成功运用控制关键点原理和例外原理的关键是什么？

6.直接控制

直接控制原理可以简洁地表述为：主管人员及其下属的素质和工作质量越高，就越不需要进行间接控制。这是因为主管人员越能胜任他们的职务，就越能提前察觉偏离计划的情况，并及时采取预防措施。因此，保证主管人员的素质是最直接的控制方式之一。

（二）控制的过程

基本的管理控制过程如图5-2所示。

1.确定控制标准

在制定控制标准时，最简单的情况是将计划过程中形成的可考核目标直接作为控制标准。然而，在现实中，更常见的情况是需要通过科学方法将计划目标分解为一系列具体可操作的控制标准。控制标准可以分为定量标准和定性标准两大类。

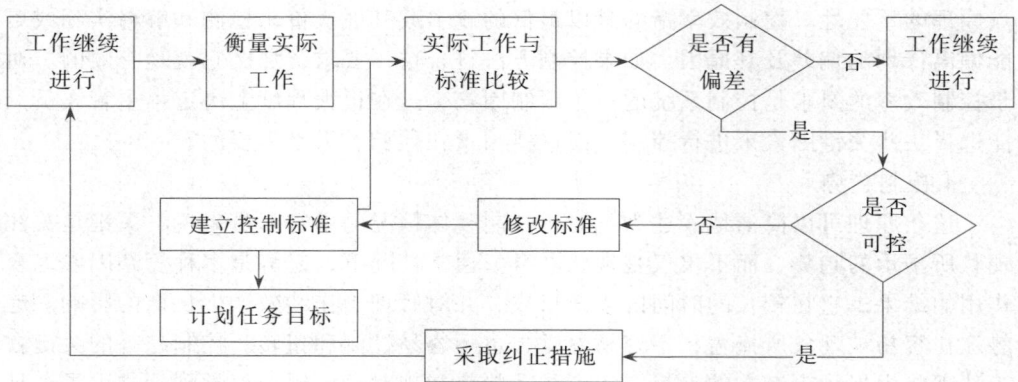

图5-2 基本的管理控制过程

（1）定量标准可以用数字量化，便于度量和比较，是主要的控制标准表现形式。定量标准包括实物标准（如产品数量、废品数量）、价值标准（如单位产品成本、销售收入、利润）和时间标准（如工时定额、交货期）等。

（2）除了定量标准，组织中还常使用定性标准，如对产品和服务质量、组织形象等方面的衡量通常是定性的。然而，在实际工作中，为了更好地掌握这些方面的工作绩效，也要尽可能采用可度量的方法。例如，产品等级、合格率、顾客满意度等指标就是对产品质量的一种间接衡量。

2.衡量实际工作成效，确定偏差

衡量实际工作成效是通过将实际工作情况与预先确定的标准进行比较，以判断实际与计划之间是否存在偏差。需要确定偏差的性质是正偏差还是负偏差，以及偏差是否超出允许范围。为此，管理者需要收集与工作相关的各种信息，按照既定标准对实际工作成效和进度进行检查、衡量和比较。

在衡量实际工作绩效的过程中，通常采用亲自观察、分析报表和报告资料、召开会议、抽样调查等方法，了解实际工作的进展情况，掌握计划的执行进度。此外，还需找出实际工作与控制标准之间的差异，为纠正偏差、改进工作，以及管理者评价和奖励下级提供依据。

3.分析原因，纠正偏差

（1）找出偏差产生的主要原因。导致偏差产生的原因主要有三种，如图5-3所示。

（2）纠正偏差的方法（见表5-1）。

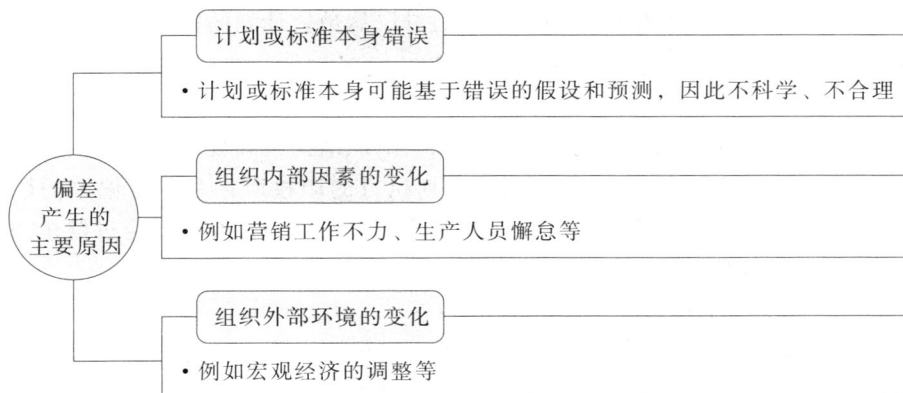

图5-3　偏差产生的主要原因

表5-1　纠正偏差的方法

纠正方法	具体内容
改进工作绩效	如果分析显示偏差是由于实际工作绩效不足所致，管理者应采取纠正行动来努力提高工作绩效。纠正行动可以是组织内的任何管理行动，但根据其效果不同，可以分为两大类：立即纠正行动和彻底纠正行动。立即纠正行动侧重于纠正偏差的结果，而彻底纠正行动则侧重于纠正偏差的原因。在实际工作中，管理者应灵活运用这些行动方法
修订标准	工作中的偏差有时可能源于不切实际的标准。当标准设定过高或过低时，即使其他因素正常，偏差也难以避免。这可能是由于原有计划安排不当，导致偏差较大，或是由于内外环境的变化，使原计划与实际情况产生较大偏差。对于这两种情况，都需要适当调整原有计划。但需要注意的是，调整计划并不意味着任意变动，调整计划不能偏离组织的目标，调整计划的根本目的还是实现组织的目标

📖 小思考5-2

　　大都会航空公司对客舱保养员的工作不满意。在航班交接时，客舱并未被彻底清洁，这令公司十分不满。此外，按照规定，每位保养员每天需要清洁50架次的飞机，然而他们的完成量仅为40架次。

　　思考：如果你是客舱保养员的主管，那么怎样才能更好地控制这项工作？

　　资料来源：王丹. 管理学基础：理论与实务［M］. 北京：北京理工大学出版社，2018. 作者有删改。

四、有效控制的原则

　　（一）控制应该同计划相适应

　　管理的各项职能相互关联、相互制约。不同的计划具有不同的特点，因此所需的控制信息也各不相同。例如，对成本计划的控制需要收集各部门、各单位甚至各产品在生产经营过程中发生的费用信息；而对产品销售计划的控制，则需要收集销售产品的品种、规格、数量和交货期等信息。

（二）控制应该同组织相适应

控制还应当反映组织结构的类型和特征。组织结构明确规定了企业内每个人的职务和相应的职责权限，因此可以确定计划执行的职权所在和产生偏差的职责所在。这也表明，有效的管理控制必须能够反映组织的结构状况，并通过健全的组织结构来保证，否则就只是空谈。

（三）控制应该突出重点、强调例外

组织在完整的计划执行过程中选择了众多关键点，将关键点的工作预期成果及其影响因素作为控制的重点。在这种情况下，管理人员不需要完全了解计划执行的具体细节，也能有效控制工作。控制需要突出重点。管理者不需要对组织活动的方方面面都进行详细控制，而是要重点控制重要的、关键的因素。控制也应强调例外。管理者将重点控制放在计划执行中的例外情况上，可以集中精力处理真正需要关注和重视的问题。

（四）控制应该具有灵活性、及时性和经济性

灵活控制是指控制系统能够适应主客观条件的变化，持续发挥作用。控制工作本身是变化的，标准和衡量方法可能会随着情况的变化而变化。如果预先制订的计划无法执行，而事先设计的控制系统仍在继续运转，那么就会走上错误的道路。控制工作还需要注意及时性。信息是控制的基础，为了提高控制的及时性，信息的收集和传递必须及时。如果信息收集和传递不及时，信息处理时间过长，偏差就无法及时纠正。更糟糕的是，实际情况已经发生变化，采取的矫正措施不仅无法产生积极作用，反而会带来消极影响。费用和收益与控制程度直接相关。控制工作必须坚持适度的原则，以提高经济性。因此，从经济性的角度考虑，控制系统不是越复杂越好，控制力度也不是越大越好。复杂的控制系统和过度的控制工作只意味着更大的投入，并不一定能顺利实施计划。

（五）避免出现目标的扭曲

当组织将规则程序和预算作为控制标准时，最容易出现目标与手段相混淆的问题。规则和预算只是实现高层次计划目标的手段，但在实际控制过程中，人们可能过于关注这些手段，忘记了它们只是为实现组织目标服务的。因此，出现了为了遵守规定或完成预算而忽视实际控制效果的行为，导致控制功能受到阻碍。当人们无法识别组织整体目标时，就会出现"不是组织在运用控制职能，而是控制在束缚组织"的现象。有时候，控制只被当作一种权力的象征。管理者为了展示自己的权力和地位而进行控制，这是非常危险的。以控制本身作为目的和手段的控制行为，将给管理者和整个组织带来灾难性的后果。

（六）培养组织成员的自我控制能力

员工自我控制是提高控制有效性的根本途径。首先，自我控制能够激发员工的主动性、积极性和创造性。员工通过自愿地控制自己的工作活动，能够专注于技术研究，并积极解决工作中的问题。其次，自我控制可以减轻管理人员的负担，降低企业的控制成本。最后，自我控制有助于提高控制的及时性和准确性。实际工作人员能够及时准确地掌握工作情况，从而采取及时准确的措施纠正偏差。然而，鼓励和引导员工进行自我控制并不意味着对员工的放任自流。员工的工作目标必须符合组织的整体目标，并有助于实现组织整体目标。管理者应从整体目标出发，定期检查各单位和员工的工作效果，并将其纳入全面控制系统中。

五、控制技术与方法

（一）预算控制

预算控制的目的是根据预算中规定的收入和支出标准，检查和监督各个部门的生产经营活动。通过这种方式，确保各种活动或各部门在充分实现既定目标和实现利润的过程中，对经营资源的利用受到严格有效的约束。这种控制方法可以有效地约束费用支出。

为了有效地对企业经营进行全面控制，需要从预期收入和费用两个方面制定预算。这种控制方法不仅需要制定分预算来说明各个部门的收入目标和费用支出水平，还需要编制全面预算来综合平衡所有部门或项目的分预算。分预算详细规定了部门在生产、销售、采购、研发或财务活动中筹措和利用资金、劳动力等生产要素的标准。而全面预算则概括了企业未来时期整体目标，对各个方面的相互联系进行了综合考虑。只有编制了总体预算，才能明确各部门的任务、目标、制约条件以及它们在活动中的相互关系。这为正确评价和控制各部门的工作提供了客观依据。

（二）非预算控制

1.比率分析

比率分析是通过对比企业资产负债表和利润表上的相关项目，形成比率来分析和评价企业的经营成果和财务状况。通过比率分析，可以帮助管理者全面了解企业的财务状况，并为决策提供有价值的参考。

（1）财务比率。财务比率及其分析可以帮助我们了解企业的偿债能力和盈利能力等财务状况，见表5-2。

表5-2　　　　　　　　　　　　　　　　财务比率指标

指标	内容
流动比率	流动比率=流动资产/流动负债 比率值越大，说明企业偿还短期负债的能力越强，但比率值也不是越大越好，变现能力较强的资产如银行存款也是盈利水平较低的资产

指标		内容
负债比率		负债比率=（资产总额−权益总额）/资产总额 负债比率反映了企业利用外部资金进行经营活动的程度。如果负债比率过高，意味着企业承担了较大的财务风险，并且所有权人在经营管理、资金运用和股利分配等方面会受到债权人的强烈限制。相反，如果负债比率过低，说明公司未能充分利用借贷能力以增加收益，也未能充分利用债务利息支出带来的节税效应，对公司不利
盈利比率	销售利润率	销售利润率=销售净利润/销售总额 它反映了企业在特定时期的产品销售中是否获得了足够的利润。通过比较分析企业不同产品、不同经营单位在不同时期的销售利润率，可以为经营控制提供更多信息
	资金利润率	资金利润率=企业净利润/占用的全部资金 它是衡量企业资金利用效果的重要指标，反映了企业是否从全部投入资金的利用中实现了足够的净利润

（2）经营比率。经营比率反映了企业经营效率的水平以及各种资源是否得到了充分利用，见表5-3。

表5-3 经营比率指标

指标	内容
库存周转率	库存周转率=销售收入/平均存货余额 它反映了与销售收入相比库存数量是否合理，表明了投入库存的流动资金的使用情况
固定资产周转率	固定资产周转率=销售总额/固定资产 它反映了单位固定资产能够提供的销售收入，表明了企业固定资产的利用程度
销售收入与销售费用的比率	表明了单位销售费用能够实现的销售收入，在一定程度上反映了企业营销活动的效率

2.审计控制

审计是一种常用的控制方法，外部审计和内部审计是两种常见的审计方式。

（1）外部审计是由外部机构派遣的审计人员对企业的财务报表和财务状况进行独立评估。为了验证财务报表的真实性，外部审计人员需要抽查企业的财务记录，并分析是否符合会计准则和记账程序。

（2）内部审计用于检查现有的控制程序和方法是否符合政策和有效地实现既定目标。内部审计不仅核对财务记录的可靠性和真实性，还评估企业对政策、工作程序和计划的遵循程度，并提出改进控制系统的建议。

3.损益控制

损益控制是根据企业或企业中的独立核算部门的利润表来对其管理活动及成效进行控制的一种方法。然而，损益控制存在一些局限性。首先，损益控制主要是事后控制，无法改变已经发生的事实，只能提供借鉴和反思。其次，许多事项并不一定能够完全反映在利润表中，因此仅依靠利润表可能无法找出利润偏差的具体原因。

4.监督检查

监督检查是上级对下级执行计划和命令的实地检查过程，旨在评价执行情况、发现问题并立即采取纠正措施。这种控制方式直接有效且面对面，是管理控制中不可或缺的一部分。通过监督检查，上级可以确保下级按照要求执行任务，及时纠正偏差，促进组织的正常运转和目标的实现。

5.报告分析

报告是向负责实施计划的主管人员全面系统地阐述计划进展、问题原因、采取措施、效果和可能出现问题的重要方式。控制报告的主要目的是提供纠正措施的基础信息。对控制报告的基本要求是及时、突出重点、指出例外情况、简明扼要。然而，管理实践表明，大多数主管人员对下属报告的要求缺乏明确性。随着组织规模和经营活动的扩大，管理变得更加复杂，而主管人员的时间和精力有限。因此，定期的情况报告变得更加重要，以确保有效的管理和控制。

6.程序控制

程序是组织中描述、计划和规定某种活动处理流程的方式。对于那些常见、重复性强且由多个环节构成的管理活动，可以为其制定相应的程序，以便管理者按照既定程序处理这些重复发生的活动。常见的程序包括决策程序、报告程序、施工管理程序、会计核算程序、费用报销程序等。通过制定程序，可以提高管理效率、确保活动的顺利进行，并减少错误和混乱的可能性。

（三）成本控制

1.成本控制的基础

（1）直接成本分配法。直接成本是可以直接归属到成本对象的成本。

（2）间接成本分配法。间接成本是不容易或准确归属到成本对象的成本，需要将其分摊到各成本对象上。

2.成本控制步骤

（1）建立成本控制标准。

（2）核算成本控制绩效，分析成本偏差的原因。

（3）采取纠偏措施。根据偏差的原因和控制标准，结合实际情况采取适当的纠偏措施。

（四）质量控制

1.全面质量管理的概念

全面质量管理是指在质量管理中同时关注产品质量、过程质量和工作质量。与传统质量管理不同的是，全面质量管理的工作对象是全面质量，而不仅仅限于产品质量。全面质量管理观念认为，应该从确保产品质量的角度出发，通过提供优质的工作质量来保证产品质量，从而有效改善影响产品质量的因素，实现事半功倍的效果。

2.全面质量管理的特点

（1）全过程。全过程是指将质量管理活动贯穿于产品质量的产生、形成和实现的整个过程。它要求全面贯彻预防为主的方针，逐步建立起一个覆盖市场调研、开发设计到销售服务的质量保证体系。在这个体系中，所有环节都需要进行质量保证，以消除不合格品在质量形成过程中的存在，实现事前防患于未然的目标。

（2）全员参与。产品质量的好坏取决于企业全体员工的工作质量水平。要提高产品质量，需要依靠企业所有员工的共同努力。在企业中，每个人的工作都会在一定程度上对产品质量产生影响。过去仅依赖少数人进行质量管理的方式已经不够有效。因此，全面质量管理要求无论是哪个部门的员工，无论是总经理还是普通员工，都要具备质量意识，承担具体的质量职责，积极关注产品质量。

（3）全面科学。全面质量管理采用科学的方法，以统计分析为基础，综合运用各种质量管理方法。其核心理念是"一切为了顾客，一切以预防为主，一切凭数据说话，一切按计划-执行-检查-处理循环（即PDCA循环）办事"。

从质量管理的发展进程来看，质量控制从事后检查产品或服务转变为控制工作质量，即由间接控制发展为直接控制，由事后控制转变为事前和现场控制。控制的重点逐渐向前移，控制方法越来越科学，控制范围越来越全面。它形成了一个完整的质量保证体系，包括实施质量管理所需的组织结构、程序、过程和资源。

实践演练 5-1

戴尔公司是一家以直销方式销售个人电脑的美国计算机制造商。该公司的经营规模迅速扩大，销售额达数百亿美元。戴尔公司采用网络型组织形式运营，与多家供应计算机硬件和软件的厂商建立了合作关系。其中一家供应商在电脑显示屏方面表现出色。戴尔公司投入大量资源，确保这家供应商每百万件产品只有1 000件瑕疵品，并通过绩效评估确认其达到要求的水准。因此，戴尔公司放心地将该供应商的产品打上"Dell"商标，并取消对这种供应品的验收和库存。类似的做法也在戴尔公司与其他外购零部件供应商的合作中出现。

一般情况下，供应商将零部件运送给买方，然后进行开箱、检验、重新包装等步骤，经过验收合格后，产品组装商会将其存放在仓库备用。为了确保供应链的连贯性，公司通常会储备未来一段时间内可能需要的各种零部件，这是常见的商业惯例。然而，戴尔公司的经理们认为，开箱验货和库存零部件只是传统做法，并非现代企业运营所必需的步骤，因此他们取消了这些"多余的"环节。

戴尔公司采取的做法是，当物流部门从电子数据库得知公司某天需要从自己的组装厂提取一定数量的某型号电脑时，他们会在早上向供应商发出采购相应数量的显示屏的指令。这样，当天傍晚时分，一组组电脑就可以打包完毕并配送给顾客。通过这种方式，戴尔公司不仅节约了检验和库存成本，还提高了发货速度，并提升了服务质量。

请回答下列问题：

1.你认为戴尔公司是否完全放弃和取消了对电脑显示屏供应厂商的控制？如果是，那么戴尔公司的经营业绩是如何实现的？如果不是，那么它采取的控制方式与传统方式有何实质性的不同？

2.对于中国的企业来说，戴尔公司的做法是否适用？为什么？

资料来源：王丹. 管理学基础：理论与实务［M］. 北京：北京理工大学出版社，2018.作者有删改。

第二节 危机控制

一、危机控制概述

（一）危机概述

危机是一种突发性事件，对一个社会系统或组织的基本价值和行为架构造成严重威胁。它要求组织在时间紧迫、不确定性极高的情况下作出决策。这种事件及其后果可能对组织的员工、产品、服务、资产和声誉造成巨大的损害，甚至会威胁组织的生存。正确理解危机的特征是快速识别和确认危机的基础。根据前面对危机的定义，危机具有如图5-4所示的基本特征。

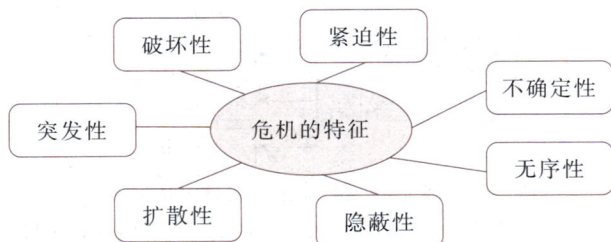

图5-4 危机的特征

（二）危机管理过程

危机管理是指组织通过对危机的事前监控、事中处理和事后恢复，以最大限度地降低或消除危机带来的损害的一系列过程。危机管理的目标是发现危机发生的原因，掌握处理危机的方法和策略，努力避免危机带来的危害和损失。有效的危机管理甚至可以将危机转化为机遇，推动组织的健康发展。危机管理的过程可以根据不同学者的观点划分为不同的阶段。奥古斯丁将危机管理划分为六个不同的阶段，如图5-5所示。罗伯特·希斯将危机管理划分为四个阶段：缩减、预备、反应和恢复，如图5-6所示。这些不同的划分可以帮助我们更好地理解危机管理过程中的关键步骤和流程。

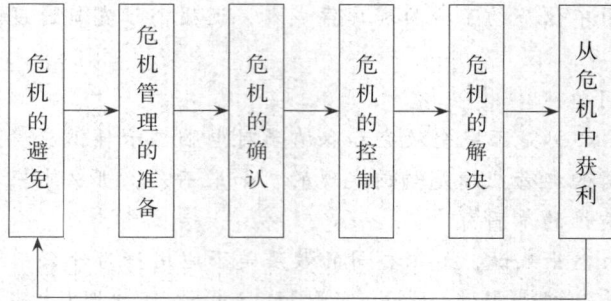

图5-5　奥古斯丁的六阶段模式

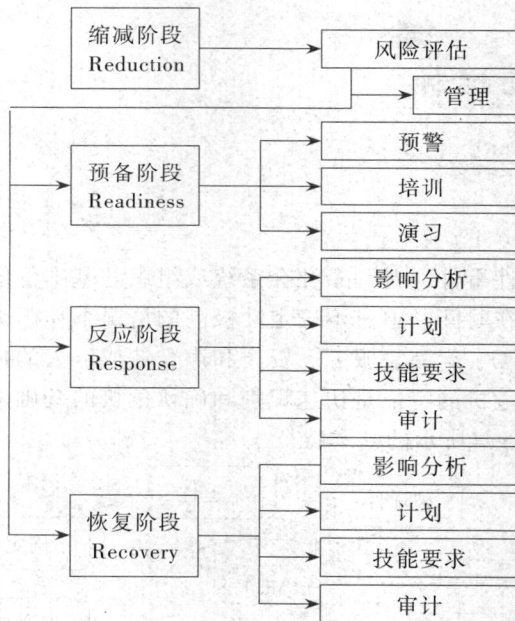

图5-6　罗伯特·希斯危机管理4R模式图

　　虽然不同学者对危机管理过程的划分有所侧重，但都从时间序列的角度将危机的事前、事中、事后管理纳入了危机管理的范畴。危机管理涵盖了危机的预警、危机管理的准备、危机的确认、危机的控制、危机的解决和危机后的恢复发展等动态过程。在这个过程中，危机的预警是首要阶段，而危机的控制则是危机管理顺利进行的重要保障。

二、危机控制的基本原则

危机控制是根据不同情况确定工作的优先次序，果断进行决策，遏制危机并防止其蔓延，以尽快将危机造成的损失控制在最小范围内。危机控制的过程是综合利用各种手段的过程，包括使用信息工具、提供财力支持、调拨物资以及发挥人的创造力等。在危机来临之前，企业应该将一些可以避免的危机消灭在萌芽阶段，对于不可避免的危机，要通过危机控制体系及时处理，将企业的损失降到最低限度。

（一）快速反应原则

危机控制的快速反应原则涵盖两个方面：首先，组织内部必须保持高度警觉，及早发现危机事件并及时通报，以便高层能够迅速了解真相并作出决策，绝不能拖延时间，以免失去战机。其次，在对外沟通方面，快速反应原则更为重要，及时发布信息既能展示组织对危机事件的快速反应态度，又能平息因信息不透明而产生的虚假谣言，赢得公众的信任。同时，危机发生后要立即与利益相关者进行沟通和公关，争取良好的外部环境，减轻组织面临的外部压力，有利于危机的妥善解决。

（二）尊重事实原则

在处理危机过程中，任何组织都必须坚持实事求是的原则，这是妥善解决危机的根本原则。一旦危机爆发，组织应向公众提供完整的真相，而不是隐瞒或掩盖，以免引起公众的好奇、猜测和不满。片面或不充分的信息只会延长危机的影响时间，增加损失。对于处于危机中的组织来说，最致命的是失去公众的信任，一旦媒体和公众发现组织在撒谎，新的危机将立即产生。向公众坦诚地说出真相是危机控制和处理的关键和有效方法。犯错误并不可怕，可怕的是不敢承认错误。在危机公关中，只有坚持实事求是、不回避问题，勇于承担责任，并向公众展示充分的诚实，才能赢得公众的同情、理解、信任和支持。

案例 5-1　　　　　　　　　　　　　苹果降噪耳机的声音问题

2020 年，苹果 AirPods Pro 耳机出现降噪功能失灵，爆裂声和静电噪声引起消费者投诉。苹果公司发表声明证实产品有问题，宣布消费者可以前往苹果授权服务商免费维修。

分析：

在处理危机时，诚实面对事实是解决危机的关键。苹果公司在这次产品危机中采取了积极的应对措施，通过公开承认问题并提供免费维修服务，努力恢复消费者对产品的信任。

资料来源：李国威. 跑赢危机：全媒体时代的公共自救指南［M］. 北京：中信出版集团，2021. 作者有删改。

（三）承担责任原则

危机发生后，公众的关注焦点通常集中在两个方面。首先是利益问题，公众关注的是谁承担责任。因此，无论是谁对谁错，组织都应勇于承担责任，不推卸责任。即使在事故发生中，受害者也有一定责任，组织也不应首先追究其责任，以免引起公众的反感。其次是情感问题，公众关心的是组织是否关心他们的感受。因此，组织应站在受害者的立场上，给予一定的同情和安慰，并通过新闻媒体向公众道歉。这样可以解决深层次的心理和情感问题，赢得公众的理解和信任。

（四）真诚沟通原则

组织在危机中应该高度重视信息传递和发布，并积极、坦诚、有效地与内外部进行沟通。通过积极坦诚地与公众沟通，组织可以展示其在危机应对中的社会责任感，保障公众的知情权，创造良好的氛围和环境，以维护和重建组织的良好形象。企业在危机沟通中需要考虑的对象主要包括内部员工、消费者、政府和相关部门以及新闻媒体。与内部员工的沟通是危机沟通的第一步，它具有三个作用：一是激发员工对企业困境的同情和责任感；二是避免谣言传播；三是保持企业的有序运转，减轻危机的破坏。消费者是企业危机管理中的重要利益相关者，企业必须重视并积极行动以赢得消费者的信任，这些积极行动不仅对消费者有益，也对企业自身有益。在危机中，借助政府和行业组织等权威机构的力量能更容易消除不良影响和化解危机。新闻媒体在危机管理中的作用也越来越重要，危机的恶化很大程度上受媒体的推波助澜。因此，与媒体的良好沟通至关重要，避免与媒体发生冲突，应采取多种方式与媒体保持联系。

（五）系统运作原则

在进行危机管理时，必须进行系统运作，综合运用各种手段，不能偏废其中之一。首先，要查明引发危机的原因，积极与媒体进行沟通，通过媒体向消费者通报真实情况。其次，要利用政府、行业协会等相关部门的影响力，澄清相关事实，维护权威性。同时，要及时处理与供应商、经销商、银行等的关系，避免出现损害自身利益的情况。最后，要果断决策，系统部署，迅速行动，全面消除危机，将危机的负面影响降到最低限度。

（六）借助外力原则

危机发生后，组织往往面临着与社会公众之间的利益冲突。仅仅依靠组织自身的信息和解释很难被公众接受，缺乏说服力。在这种情况下，如果能够灵活变通，通过请教知名专家学者或权威机构进行核对验证，并通过第三方传递信息，往往更能获得社会公众的信任。组织应该努力争取政府主管部门、独立专家或机构、权威媒体和消费者代表的理解和支持，而不是自己徒劳地解释或自夸。这样做可以增加信息的可信度和说服力，有助于恢复组织形象和重建信任关系。

三、如何进行危机控制

（一）危机应对的一般策略

1.危机中止策略

危机中止策略是在危机尚未公开或负面影响尚未严重之前采取的重要策略。如果危机的根源在于产品质量问题或生产过程中的污染等，企业应立即采取中止策略。这包括停止生产和销售，回收产品，并主动承担相应的损失。同时，企业应向公众传达其社会责任感，以防止危机进一步扩大。

2.危机隔离策略

危机隔离策略的目标是将危机的负面影响隔离在最小范围内，避免造成更多的人员伤亡和财产损失，并防止对组织其他部门或相关公众的影响。隔离策略主要包括危害隔离和人员隔离。危害隔离采用武力隔离等措施，尽量将危机造成的损失控制在一定范围内。人员隔离则是在危机发生后，让危机管理小组专门负责处理危机，而让其他人继续从事正常的生产经营活动，以防止危机对企业正常运营造成巨大冲击。

3.危机消除策略

危机消除策略的目标是通过采取有效措施，快速消除危机带来的负面影响，并改变人们的态度和看法。当面临突发危机时，组织应保持冷静，并根据外部和内部环境选择适当的措施来消除危机的负面影响。要善于利用正面材料，淡化危机的负面影响，例如通过新闻媒体传达企业对危机后果的关注和采取的措施，随时接受媒体的采访并回答记者的提问。

管理实践 5-2

在2013年4月12日以后的28天里，某报连续报道，声称农夫山泉的标准不如自来水，引起了市民对饮用水问题的担忧，使农夫山泉陷入了危机。然而，农夫山泉并没有积极回应消费者对标准问题的关注，而是通过多家媒体以整版公告的方式公布了其产品的相关标准，并对相关报道进行了驳斥。一个企业敢于申报或执行国家标准，甚至积极参与国家标准的制定，至少说明这个企业处于行业的领先地位。这种被动式广告比任何形式的主动宣传广告都更有效。

资料来源：梅强. 管理学：创业视角［M］. 2版. 北京：化学工业出版社，2018.作者有删改。

4.危机利用策略

在危机中，组织如果能够妥善处理、表现得体并诚实负责，往往有机会将危机转化为机遇。因此，在危机中，一个优秀组织的整体素质、实力和领导者的管理水平会得以展现。要采取诚实、坦率和负责任的态度，有可能将危机转化为机遇，通过妥善处理危机，实现变逆境为好事的效果。

（二）危机控制的具体方法

1.针对企业内部员工的方法

在危机发生后，企业应尽快采取措施来处理内部员工的情况。首先，要在稳定情绪和秩序的基础上向员工通报事故真相和企业采取的措施，以实现员工的团结和共同应对困难。其次，要收集并了解员工的建议和意见，并做好解释和说明的工作。如果有伤亡或损失，要及时进行抢救治疗和抚恤工作，并通知家属或亲属，同时做好慰问和善后处理。最后，要制订工作方案和措施，以挽回影响并完善企业形象。

2.针对受害者的方法

在处理危机时，受害者是企业应重视的首要公众。企业应认真制定切实可行的应对方法来处理受害者的问题。首先，应派专人与受害者进行接触，向他们明确表示歉意，并冷静地倾听他们的意见和赔偿要求。即使他们的意见有时不太合理，也不要立即与他们争论或讨论。即使受害者本身对事故负有一定责任，也不应立即追究责任或立刻诉诸法律。其次，应与受害者坦诚、冷静地交流意见，同时避免给人造成推卸责任或为组织辩护的印象。最后，确定责任承担的具体内容和方式，制定损失赔偿方案，包括补偿方式和标准；制订善后工作方案，对于由不合格产品引起的严重事故，要立即召回不合格产品，进行检修或检查，停止销售，追查事故原因并改进工作；确定向公众道歉和安抚公众心理的方式和方法。同时，在处理事故过程中，除非特殊情况，不要随意更换负责危机处理和探望受害者的人员，以保持处理意见的一致性和操作的连续性。

3.针对新闻界的方法

（1）确定与新闻媒介合作的方式。与新闻媒介建立良好的合作关系，确保及时准确地向它们通报危机事件的调查情况和处理进展。企业应通过新闻媒介向公众提供他们关心的信息，例如善后处理措施和赔偿方案等。

（2）与新闻媒介保持联系。确定与新闻媒介保持沟通的方式，包括何时何地召开新闻发布会，应提前通知新闻媒介。

（3）采取宽容和灵活的策略对待不利于企业的新闻报道和记者的态度。在处理与新闻媒介的关系时，要以宽容的心态面对不利于企业的新闻报道，不要过于敏感或过度反应。同时，要灵活应对记者的态度，保持冷静和专业，以维护企业形象。

4.针对上级有关部门的方法

在危机发生后，企业应与上级有关部门保持密切联系，寻求指导和帮助。企业要及时、实事求是地向上级部门汇报情况，不隐瞒、不歪曲事实真相，随时向上级部门汇报事态发展情况。处理完事件后，还需详细报告事件经过、处理措施、解决办法和防范措施。

5.针对其他公众的方法

企业应根据具体情况，向兄弟单位、社区公众、社会机构和政府部门通报危机事件和处理措施，并制订相应方案，全面消除危机事件的影响。对于社区公众，如果火灾、毒物泄漏等事件确实给当地居民带来了损失，公关部门应当亲自登门向当地居民道歉。必要时，可以在全国性或地方性报纸上刊登致歉广告，并进行经济赔偿，向相关公众明确展示组织敢于承担责任、改正错误的态度。

复习思考题

1.如何理解计划与控制的关系？

2.控制有哪些类型？它们各有什么特点？

3.控制过程包括哪些步骤？各个步骤中，应当注意哪些问题？

4.有效控制的原则有哪些？它们为什么重要？

5.有哪些控制方法？

6.什么是危机？危机有哪些基本特征？试结合某个具体的企业危机事件来说说危机的基本特征。

7.危机处理的过程中必须遵循哪些基本的原则？试用这些基本原则来分析评述一个具体的企业危机事件。

8.危机应对的一般策略有哪些？

第六章

创新管理

学习目标

企业必须深入学习贯彻党的二十大精神，全面开创企业管理新时代，突出管理创新的作用。企业应根据自身实际情况和发展阶段，找准产业特点，紧密关注客户需求，从管理创新的角度进行顶层设计。企业还应持续深化改革，推进体制机制创新，激发活力，进一步强化技术创新，提升企业的硬实力。同时，将管理创新放在重要位置上，提升企业的软实力。

竞争力是企业在长期竞争过程中逐步积累形成的与竞争对手不同的能力。这种能力可以体现在研发、制造、营销、品牌吸引力等各个方面。而核心竞争力就是企业的关键竞争力，它不同于一般的竞争力，而是企业竞争成功和保持竞争优势的关键要素。它是对企业竞争力的提炼，是企业竞争力的源泉。

通过本章的学习，应达到以下目标：

【思政目标】

※培养学生对创新的认识和理解，激发学生的创新思维和创新意识，增强学生对社会和环境的关注和责任感，使其在创新活动中能够考虑到社会的可持续发展和共享价值。

【知识目标】

※理解创新的概念，了解管理创新的重要性，熟悉并理解创新职能的基本内容，掌握创新的过程和创新活动的组织。

※了解核心竞争力的概念及特征，明确核心竞争力的主要内容和企业打造核心竞争力的途径。

【能力目标】

※具备创新意识，运用创新思维去分析与处理实际管理中存在的问题。

※具备初步构建企业核心竞争力的能力。

第一节 创新与创新活动

一、创新及其价值

（一）理解创新的概念

创新是将创造性思想转化为有用产品、服务或生产过程的过程。它是一种思想和实践，是一种原则和具体活动，也是管理的基本职能。创新的作用在于提高系统获取和利用社会资源的能力，满足社会对系统贡献的需求，从而增强系统的生命力。

任何社会系统都是开放的，外部环境和内部要素都在不断变化。为了适应这些变化，系统必须进行局部或全局的调整，这就是创新。在管理中，"维持"和"创新"是两个基本职能，它们相互联系、不可或缺。任何组织的管理工作都包含在"维持"和"创新"之中，维持和创新是管理的本质内容。维持与创新的关系表现在，创新是在维持基础上的发展，而维持是创新的逻辑延续；维持是为了实现创新的成果，而创新则为更高层次的维持提供依托和框架；卓越管理是实现创新和维持的最佳组合。

（二）管理创新的重要性

管理创新是在科学理论的指导下对传统的管理制度进行根本性的变革，并重新选择和构建新的管理方法和制度。创新是企业生存发展的内在要求，通过管理创新可以使企业的管理体制和运行机制更加规范合理，实现人、财、物等资源的有效配置。管理创新的重要性主要表现在以下几个方面：

（1）管理创新有助于提高企业的经济效益。管理创新的目标是提高有限资源的配置效率。通过提高当前的效益和未来的效益，企业能增强自身的实力和竞争力，为下一轮的发展打下基础。

（2）管理创新有助于降低交易成本。通过创新管理层级制度，企业能够将原本在企业之外的一些营业单位活动内部化，从而节约交易费用。这清楚地证明了管理以及管理创新对于企业发展和效益提高的重要作用。

（3）管理创新有助于形成企业家阶层。现代企业管理创新的直接成果之一就是形成了一支职业经理即企业家队伍。企业家阶层的产生有两个方面的好处。首先，企业的管理处于专家的手中，提高了资源的配置效率。其次，企业的所有权与经营管理权分离，推动了企业更健康地发展。职业经理层的形成对企业的发展有重要作用，因为对受薪的企业家而言，企业的存续对其职业至关重要。从这一角度来看，职业企业家更加关注创新和管理创新，因为他们了解管理创新的效果。因此，职业企业家往往成为管理创新的主要推动者。

（4）管理创新在拓展市场和帮助竞争方面具有重要作用。当管理创新应用于市场营销时，能够有力地拓展市场并进行竞争。在市场竞争和拓展过程中，企业面临着众多竞争对手，包括厂商和顾客。这是一个动态博弈过程，企业若能最先获得博弈的均衡解，即具体的管理创新方案，就能战胜对手并取得竞争的胜利。

（5）管理创新对于确保企业稳定和推动企业发展也起着重要作用。一旦管理层级制度形成并有效实施了协调功能，层级制就成为持久性、权力和持续增长的源泉。管理层级制度的稳定性超越了个人或集团的限制。当经理离世、退休、升职或离职时，另一人已经准备好接管其职位，并接受了相应的培训。因此，尽管人员不断变动，但组织和职能保持不变。这种管理层级制度的创新不仅稳定了层级制度本身，也稳定了企业发展的支撑结构，从而有效地促进企业的长期发展。

小思考6-1

党的二十大报告提出，"紧跟时代步伐，顺应实践发展，以满腔热忱对待一切新生事物，不断拓展认识的广度和深度，敢于说前人没有说过的新话，敢于干前人没有干过的事情，以新的理论指导新的实践"。管理创新对企业的发展有何重要意义？请结合实例进行简单说明。

二、创新职能的基本内容

（一）目标创新职能

企业在特定的经济环境中进行经营活动，根据环境的要求，企业需要以特定的方式提供特定的产品。当环境发生变化时，企业需要相应调整生产方向和经营目标以适应新环境的特点。同时，根据市场环境和消费需求的特点和变化趋势，企业还需要及时整合具体的经营目标，每次调整都是一种创新。创新目标的确定需要根据具体的内容，如制度创新、组织创新等作出具体决策。创新目标是多层次、多方位的，由多个目标组成的多目标体系。实际上，企业要实现其他方面的目标都离不开创新目标，因为创新目标是企业成功的关键。

知识链接6-1
创新目标的设置要求

（二）组织创新职能

1.组织创新的主要内容

组织创新的内容如图6-1所示。

（1）以人为中心的组织创新。以人为中心的组织创新是通过营造组织文化、改变人员态度和人际关系来提升组织绩效。其中，组织发展方法是实现以人为中心的组织创新的具体途径。这种方法旨在改变组织成员的工作态度，激发他们的积极性，促进广泛的交流，协调成员之间的关系，增强团队凝聚力，从而提高组织效能。

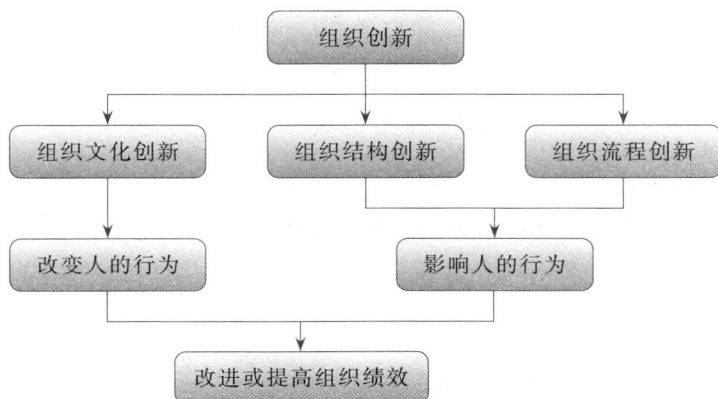

图6-1　组织创新的内容

（2）以结构为中心的组织创新。组织的结构取决于其复杂性、正规化程度和集权化程度。管理者可以通过改变组织结构的关键要素来进行创新。此外，为了提高组织的正规化程度，可以增加规章制度。而通过加强分权，可以加快决策制定的过程。

（3）以流程为中心的组织创新。以流程为中心的组织创新依据的是美国管理学家哈默和钱皮提出的企业流程再造理论。企业流程再造的思路是在企业外部审视运作流程，确定关键环节并简化流程，摒弃不必要的步骤和人员。如果流程不合理，就重新设计企业流程。同时，确保流程成为企业运作的核心，将企业转变为以流程为中心的新型组织。

2.组织创新的主要形式

为了适应环境变化并提高灵活性，人们提出了多种组织创新形式，其中最具代表性的有虚拟化组织、学习型组织和世界型组织。世界型组织与学习型组织相比，更加注重企业在所处领域中的领导地位，不仅关注内部创新发展，还着眼于确立领导地位的重要性。

（三）技术创新职能

1.要素创新

要素创新包括材料创新和手段创新。材料是企业产品生产的基础，也是生产工艺和加工方法的对象，因此材料创新是技术创新的重要内容。手段创新主要指生产的物质手段的改造和创新。任何产品的生产都需要借助一定的机器设备等物质生产条件才能完成，因此生产手段的技术状况是企业生产力水平的重要标志。各种要素在生产过程中的组合形成了企业向社会提供的产品。企业通过生产和提供产品来获得社会的认可，证明其存在的价值。同时，通过销售产品来弥补生产成本，实现盈利，实现企业的社会存在。

2.产品创新

产品创新是企业技术创新的核心内容。它受制于技术创新的其他方面，同时也影响其他技术创新效果的发挥。新产品和产品结构的创新通常要求企业利用新的机器设备和工艺方法。而新设备和新工艺的运用为产品创新提供了更好的物质条件。

（四）企业制度创新职能

制度创新是从社会经济角度对企业系统中成员之间的正式关系进行调整和创新的过程。企业制度的发展过程就是企业制度的创新过程，主要包括产权制度、经营制度和管理制度等，见表6-1。

表6-1 企业制度

制度类别	具体特点
产权制度	产权制度是指企业生产资料的所有制形式，它是决定其他制度的根本性制度。产权制度规定了企业最重要的生产要素所有者对企业的权利、利益和责任。目前存在两种主要的生产资料所有制形式：私有制和公有制。然而，在实践中这两种所有制都不是纯粹的。因此，企业产权制度的创新可能朝着寻求生产资料的社会成员"个人所有"与"共同所有"的最适合组合的方向发展
经营制度	经营制度是关于经营权归属、行使条件、范围和限制等方面的原则规定。经营制度的创新应该是为了不断寻求最有效利用企业生产资料的方式
管理制度	管理制度是指行使经营权和组织日常经营所需的各种具体规则的总称，包括对材料、设备、人员和资金等要素的获取和使用的规定。在众多管理制度中，分配制度是其中非常重要的一部分。分配制度的创新在于追求和实现报酬与贡献在更高层次上的平衡

企业制度创新的方向是不断调整和优化企业所有者、经营者和劳动者之间的关系，使各方的权力和利益得到充分体现，使组织的各个成员能够充分发挥自己的作用。

（五）环境创新职能

环境是企业经营的基础，同时也对企业经营产生制约。企业与环境的关系不仅是适应环境，而且在适应的同时也可以进行改造、引导甚至创造。环境创新并不是指企业仅仅为了适应外界变化而调整内部结构或活动，而是通过积极的创新活动来改变环境，引导环境朝着有利于企业经营的方向发展。举例来说，通过企业的公关活动影响社区政府的政策制定，通过技术创新影响社会技术的进步方向等。对企业而言，环境创新的主要内容是市场创新。

实践演练6-1

小天鹅公司在企业内部推行"末日管理"，该管理方法建立了全球性的"横向比较"的信息体系，以全员参与、立体化和规范化的营销管理体系为核心，并以强大的人才开发机制作为保证。公司从追求卓越转变为追求完善，危机意识已成为所有员工的共同认知。

1.竞争是为了争夺消费者

小天鹅采用了特殊的比较方法来参与竞争，从传统的"纵向"比较转变为"横向"比较，以此找出与世界先进水平的差距，争取成为国际品牌。同时，与国内同行比较，学习其他企业的优点，确保在国内处于领先地位。另外，与市场需求进行比较，紧密关注用户，把握市场的脉搏。同时，小天鹅也注重自身的不足，避免自满自负，时刻保持警惕。

2.参与竞争是为了提高市场份额

市场份额既是企业成功的前提，也是企业成功的标志。占领市场就意味着争取到了消费者。小天鹅认为，企业所提供的不仅仅是产品，还包括质量和信誉。小天鹅不仅在观念上进行了转变，实现了按订单生产，成为一个"无仓库企业"。小天鹅通过实行双班制生产、推行24小时热线服务，进一步提高市场应变能力和效率，确保了市场份额的稳定。

3.建立全员参与、立体化、规范化的营销管理体系

全员参与意味着让员工积极参与营销工作。立体化是指企业在生产、科技、营销、人事等方面培养团队精神，以应对市场竞争。规范化是指将有效的营销方式制度化。

4.注重服务

小天鹅在服务方面推出了"金奖产品信誉卡"的承诺，将服务监督权交给了用户，公布服务公约，坚持提供独特的服务。

5.实施名牌战略，扩大经济规模，提高竞争力

经营只是眼前，创新才是未来。为了实现自己的"旭日目标"，小天鹅采取了以下做法：首先，与同行企业建立了联盟。其次，与相关产品建立了联盟。此外，小天鹅还与国外大公司建立了联盟，使小天鹅的产品始终与世界先进技术保持同步。这些战略联盟使小天鹅能够扩大经济规模，提高竞争力。

请回答下列问题：

1.管理的创新职能在本案例中体现在哪些方面？

2.小天鹅"末日管理"的最大特点是什么？

资料来源：杨跃之.管理学原理［M］.北京：人民邮电出版社，2016.作者有删改。

三、创新体系与方法

（一）创新的过程

1.寻找创新机会

就外部系统而言，可能成为创新机遇的变化如图6-2所示。

技术变化——可能影响企业获取资源、生产设备和产品技术水平

人口变化——可能影响劳动力市场供应和产品销售市场需求

可能成为创新
机遇的变化

宏观经济环境的变化——快速增长的经济可能给企业带来不断扩大的市场，而整体经济不景气可能降低消费者购买能力

文化与价值观的转变——可能改变消费者的消费偏好和劳动者对工作及报酬的态度

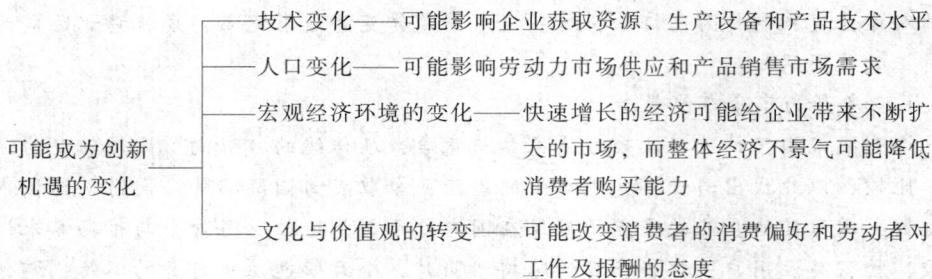

图6-2 可能成为创新机遇的变化

就内部系统而言，引发创新的不协调现象主要有：

（1）生产经营中的瓶颈。这种瓶颈可能是某种材料无法找到理想的替代品，或者某种工艺加工方法不完善，或者某种分配政策不合理。

（2）企业意外的成功或失败。例如派生产品的销售额和利润突然超过了企业主营产品，或者经过改进的老产品在结构、性能和质量上都有了提升，但并未获得预期数量的订单。这些出人意料的成功和失败往往能打破企业原有的思维模式，成为创新的重要源泉。

2.提出创新构想

（1）创新愿望的产生。创新愿望的产生通常有两种方式：主动型和环境诱发型。企业必须努力营造一种宽松和谐的创新环境和氛围，并建立高效的信息沟通网络，以确保创新愿望能够及时有效地传达。只有这样，人们的创新愿望才能被传递和表达，才能激发各类创新主体的灵感，促进创新愿望的不断涌现。

（2）创新的定位。创新定位是确定企业创新领域、目标和方向的过程。在产生大量创新愿望的基础上，企业需要组建一个具有权威性、各层次创新主体参与的创新小组。该小组负责归集和整理各种创新愿望，并通过对企业内部条件和外部环境的深入分析，认清企业现存的差距和薄弱环节，确定创新的领域、重点以及创新的方向和目标。

（3）创新方案的评价。在创新条件、原则和目标的约束下，对提出的各种创新构想进行科学的比较、筛选、综合和可行性分析，以形成具体而又切实可行的创新方案，使企业系统能够向更高层次发展。在这一阶段，要特别注意对创新方案的可行性进行论证，并确保创新进程结果的可检验性。

3.创新实施

（1）实施准备。在具体实施创新方案之前，需要进行充分的宣传和沟通工作，以让企业成员深刻认识到创新的必要性、迫切性和可能性。这有助于获得创新主体和客体的认同，克服心理障碍，并激发人们的积极性和创造性，为下一步的实施做好思想和行动上的准备。

（2）初步实施。通过授权部门和各成员的实施，制定短期内能见到效果的绩效目标，以增强人们对创新的认同和信心。在这一阶段，可能会出现超出预期的变

化，因此需要遵循表6-2所列的三项原则。

表6-2 创新初步实施应遵循的原则

原则	内容
坚定性原则	无论遇到何种阻力和困难，都要保持坚定的信心，持续进行创新
稳定性原则	创新是复杂的系统工程，具有高风险性，为了确保创新的进程和方向，必须有步骤、有控制地进行，保持企业的稳定性，避免大幅度的动荡
应变性原则	对创新中出现的新变化或新环境，要及时反馈并对方案进行必要的修正和调整，以更好、更快地实现创新目标

（3）固定和深化。尽管短期创新成果对增强人们对创新的认同和信心，形成新的态度和行为有示范作用，但由于旧习惯的根深蒂固和企业内外环境的变化，仍需要利用必要的强化手段来固定和持久化人们对变革的新行为和新态度，以确保创新的持续发展。

4.创新评价与总结

创新评价与总结的作用有两方面。一方面，当创新成果得到社会认可时，可以激励企业经营管理者和员工，并促使他们再次比较企业与外界的差距，激发新的创新热情和冲动，以进行更深层次的创新；另一方面，评价和总结也是为了使创新成果能够扩散到更大范围，影响和推动其他企业积极进行创新，发挥创新成果的社会效益。

（二）创新活动的组织

1.正确理解和扮演管理者角色

在创新中，管理者不应该成为规章制度的守护者，而是要积极参与创新，鼓励和支持组织成员进行创新，并不轻易对创新尝试中的失败指责，也不奖励那些不创新、不冒险的人。

2.营造促进创新的组织氛围

组织应该大力宣传创新，激发创新的热情。每个人都要谈论创新、思考创新、无处不创新。不创新就无法在组织中立足。要营造一个让每个人都积极奋发、努力进取、大胆尝试的组织氛围。

3.制订有弹性的计划

创新需要时间和思考。对于过于繁忙的工作安排，应该反思。例如，美国的IBM等公司允许员工用5%～15%的工作时间来开发他们的兴趣和设想。在创新过程中，应该对计划保有弹性，留出足够的时间和资源。

4.正确对待失败

创新过程中充满了失败，失败是正常的甚至是必要的。应该允许失败，支持失败，甚至鼓励失败。

5.建立合理的奖惩制度

奖励制度应该注意物质奖励和精神奖励的结合。奖励不应被视为"不犯错误的报酬"，而是对特殊贡献甚至是对努力作出特殊贡献的人的回报。奖励制度应该既能促进内部竞争，又能保证成员间的合作。

实践演练6-2

与其他中国汽车工厂采用一个车型、一个平台、一条流水线、一个厂房的制造方式不同，上海通用可以在一条生产线上同时生产四种不同平台的车型。这种生产方式被称为"柔性化"生产方式，柔性化生产能力给厂家和消费者带来了时间和金钱上的直接好处。

上海通用基于柔性化生产线，建立了严格而规范的采购系统、科学而严密的物流配送系统、以市场为导向的高度柔性化的精益生产系统，以及以客户为中心的客户关系管理系统。这些共同构成了支撑其柔性化生产管理的体系，使得上海通用成为通用公司全球范围内柔性最强的生产厂家之一，形成了企业柔性化管理的经典范例。

请问：针对本案例，除了上述管理创新之外，你还能提出更好的管理创新策略吗？

资料来源：姜磊，马玉梅. 管理学基础［M］. 北京：北京理工大学出版社，2018.作者有删改。

第二节　核心竞争力创新

一、核心竞争力的概念及特征

核心竞争力是组织经过长期积淀所形成的、不同于竞争对手的、经过整合的知识和技能，以及组织对所拥有的知识和技能的整合能力。我们可以通过以下几个方面来理解企业的核心竞争力：首先，核心竞争力是企业竞争优势的基础。它是企业在市场竞争中脱颖而出的根本原因。其次，核心竞争力是各种技术、技能和知识的有机综合体。企业通过整合和运用各种资源和能力，形成了独特的核心竞争力。再次，核心竞争力的最终目的在于实现顾客所看重的价值。通过提供独特的产品或服务，满足顾客的需求和期望，从而赢得市场竞争的优势。最后，核心竞争力是竞争对手难以模仿的，并具有持久性和可延展性。它不仅是独特的，而且具有持久的竞争优势，同时还有潜力不断发展和延伸。企业需要深入了解和把握自身的核心竞争力，不断完善和发展。

核心竞争力的特征见表6-3。

表6-3　　　　　　　　　　　　　　核心竞争力的特征

特征	内容
独特性	核心竞争力必须具有独特性。它与竞争对手的能力有明显差异，可能是完全不同的，也可能是在表现形式上相似但内涵更深刻
价值性	核心竞争力必须具有价值性。它能够给企业带来战略上的优势，为顾客创造长期的超值利益，为企业创造超过同行业平均利润水平的超额利润
不易模仿性	核心竞争力具有不易模仿性。它是企业长期积累和内化于组织中的综合能力，因此很难被竞争对手所模仿
时间性	核心竞争力具有时间性。虽然它是企业长期积淀的结果，但并不意味着不会改变。随着企业发展、战略调整、竞争对手实力变化和外部环境变化，核心竞争力会不断更新和演变

二、核心竞争力的内容与作用

（一）核心竞争力的主要内容

核心竞争力是企业在经营过程中形成的独特能力，具有不易被竞争对手模仿的特点，并能带来超过平均水平的利润。它是企业获得长期稳定竞争优势的基础。核心竞争力主要包括核心技术能力、组织协调能力、对外影响能力和应变能力。它的本质就是为消费者提供真正优于竞争对手的、不可替代的价值、产品、服务和文化。创新是核心竞争力的灵魂，通过不断创新，企业能够保持竞争优势并获得市场份额。而主导产品或服务则是核心竞争力的精髓，它是企业最具竞争力的产品或服务，能够吸引消费者并巩固其忠诚度。核心竞争力的形成离不开企业的长期积累和不断提升。企业应注重培养和发展核心能力，不断创新和完善产品或服务，以保持竞争优势和实现长期的经营成功。

（二）核心竞争力的主要作用

（1）核心竞争力超越了具体产品和服务，成为企业整体实力的底座。相比于局限于具体产品和业务单元的发展战略，关注核心竞争力能更准确地反映企业长远发展的需要，避免战略性误区。

（2）核心竞争力能够增强企业在相关产品市场上的竞争地位，其意义远远超过单一产品市场上的胜败。

（3）企业核心竞争力的建设更多依赖于经验和知识的积累，而非一项重大发明的突破。因此，核心竞争力的建设时间较长，这使竞争对手难以模仿，具有持久性和进入壁垒。

三、如何构建企业核心竞争力

（一）企业打造核心竞争力的内部途径

（1）企业内的每个员工，无论是高层管理者还是基层员工，都应该了解企业核心竞争力在市场竞争特别是国际竞争中的重要作用，并且重视和关注核心竞争力的培养。

（2）企业应该集中资源进行某一领域的专业经营，在这个过程中逐步形成与同行的差异，包括经营管理、技术、产品、销售和服务等方面。通过发展这些方面的差异，企业可以逐步形成独特的技术、方式和方法，提供特殊效用给消费者，这些因素有可能成为公司未来核心竞争力的重要因素。

（3）加强技术创新是重要的。现代企业制度依赖于核心技术和技术创新来实现资源配置的高效性。企业要形成和提高自己的核心竞争力，必须拥有自己的核心技术。

（4）在企业管理方面，要尽快引入现代企业制度，为企业核心竞争力的打造提供制度保证。

（5）塑造独特的企业文化是形成核心竞争力的深层次因素。当全体员工都认同企业的价值观时，这个价值观会潜移默化地激励员工，使他们为之奋斗，并形成独特的核心竞争力。

小思考6-2

如何培养员工的创新意识和创新能力？

（二）企业打造核心竞争力的外部途径

（1）知识联盟是获得企业核心竞争力的有效途径之一。通过知识联盟，一个公司可以学习另一个公司的专业能力，实现互补优势，创造新的交叉知识。知识联盟的特点包括紧密的合作关系、广泛的参与者和巨大的战略潜力。

（2）企业兼并是迅速扩大规模、快速进入其他竞争领域的有效方式。通过兼并，企业可以重新整合内部资源，构建新的经营格局，调整产业和产品结构，建立新的经营机制，以优化资源配置，提高市场竞争力。因此，兼并也是企业打造核心竞争力的一条捷径。

（3）努力培育更多忠诚稳定的顾客群是增强企业核心竞争力的重要举措。顾客群越多且越忠诚，企业的核心竞争力就越强大，能够持久存在。因此，企业应该重视培育自己的顾客群。从产品、价格、渠道、促销到公关宣传等各个营销方面入手，努力培育自己的顾客群，以增强核心竞争力。

在打造核心竞争力的过程中，企业需要具备动态意识。具体而言，应该做好以下几个方面的工作：以国际竞争为基础，突出自身主营业务的优势，明确企业的规模和产业边界；分析企业在各个产业中的竞争优势，明确竞争战略和手段；明确企业集团中各个企业之间的分工和战略协作关系，提高协调能力和资源整合能力；加强企业竞争力的开发和运用，提升战略管理能力。

复习思考题

1.在管理中，"维持"和"创新"两个基本职能有什么联系？

2.为什么要管理创新？

3.创新职能的基本内容有哪些？

4.联系实际说一说企业家为什么愿意投入大量的人力物力进行创新？如何进行有效创新？

5.核心竞争力有哪些特征？

6.如何构建企业核心竞争力？

第七章

企 业 文 化

学习目标

企业文化建设需要紧密围绕党的领导，将党的指导思想和方针政策融入企业文化中。此外，企业文化建设应当将社会责任融入企业的价值观和行为准则中，鼓励企业积极参与公益事业，关注环境保护和社会福利，推动可持续发展。企业文化就像一只无形之手，对企业和员工的行为产生全面而持久的影响。企业文化在企业运营中起着至关重要的作用，它能够塑造企业的独特氛围和价值观，影响员工的行为和决策，进而影响企业的经营绩效和发展方向。因此，企业应该重视和培育良好的企业文化，以实现长期的可持续发展。

跨文化管理是一种在交叉文化条件下进行的管理活动，通过运用文化手段，实施企业管理的各项职能。它的主体是企业，对象是具有不同文化背景的群体。跨文化管理的目的是在不同文化群体相互影响时，设计符合企业文化特征的组织结构和管理机制，形成有效的跨文化管理模式，以确保员工在不同文化背景下遵循共同的行为准则，从而实现企业利益的最大化。

通过本章的学习，应达到以下目标：

【思政目标】

※通过管理实践，培养和践行社会主义核心价值观，推动企业形成良好的企业文化和价值观念，努力构建和谐稳定的劳动关系和企业文化氛围。

※培养学生对不同文化背景下的差异性和多样性的认知，使他们能够理解和尊重不同文化的价值观、信仰、行为方式等，从而提高跨文化交流和合作的能力。

【知识目标】

※了解企业文化的内涵；掌握企业文化的基本功能和基本体系；掌握现代企业文化建设步骤；了解企业文化创新与发展。

※了解跨文化管理的内涵，理解跨文化冲突与跨文化管理，掌握跨文化管理的策略。

【能力目标】

※能够形成正确的企业价值观，能够理解企业文化的层次和功能，进行企业文化建设。

※能够初步运用跨文化管理策略。

第一节　企业文化建设

一、企业文化概述

（一）企业文化的概念

企业文化是在特定的社会经济文化背景下形成的组织文化。一般来说，企业文化包括物质文化、行为文化、制度文化和精神文化四个层次。

（1）企业物质文化是由员工创造的产品和各种物质设施构成的文化。它是表层企业文化中以物质形态为主要研究对象的部分。

（2）企业行为文化是以人的行为为形态的企业文化。它涉及员工的行为方式和态度，是企业文化中的一种形式。

（3）企业制度文化指的是企业中的各种"正式制度"，它是企业精神文化的具体化。制度文化规范了企业的运作和管理方式。

（4）企业精神文化是企业文化的核心，它是制度文化、行为文化和物质文化的基础。它代表着企业的核心价值观和信念体系。

（二）企业文化的主要特征

企业文化的主要特征见表7-1。

表7-1　　　　　　　　　　企业文化的主要特征

特征	内容
独特性	企业文化的独特性是由企业的管理特色、传统、目标、员工素质以及内外环境的差异所决定的
继承性	企业文化是历史的产物，具有一定的时空条件。它继承了民族文化精华、企业的文化传统以及外来的企业文化实践和研究成果
相融性	企业文化与企业环境协调适应，反映了时代精神。它需要与经济、政治、文化和社区环境相融合
人本性	企业文化以人为本，强调人的理想、道德、价值观和行为规范在企业管理中的核心作用。它注重理解、尊重和关心员工，促进员工全面发展，用愿景、精神、机制和环境激励员工
整体性	企业文化是一个有机的、统一的整体，人的发展和企业的发展密不可分。它引导员工将个人奋斗目标融入企业整体目标，追求企业整体优势和整体意志的实现
创新性	优秀的企业文化在传承中进行创新，随着企业环境和市场变化而改革发展。它鼓励追求卓越、成效和创新

管理实践7-1

　　青岛啤酒经历了一百多年的发展历程，形成了以表层形象文化、中层制度文化和深层价值理念为核心的完整企业文化系统。该企业文化包括精神、制度和物质三个层面。

　　在精神层面，青岛啤酒的企业文化核心是愿景、使命、核心价值观、理念、宗旨和精神等，这是文化的核心和灵魂，也是企业的"心"。

　　制度层面是由精神层面转化而来，青岛啤酒拥有200多项制度和190多项流程，还包括公关活动、营销活动等。这些制度的科学化和规范化培育展示了企业强大的制度执行力，是企业的"手"。

　　物质层面包括公司的视觉识别系统、物质环境、产品造型包装设计和企业文化传播网络等。这些是精神层面的载体，也是文化最外在直观的体现，是企业的"脸"。

资料来源：刘磊. 现代企业管理［M］. 3版. 北京：北京大学出版社，2019.作者有删改。

（三）企业文化的基本功能

1.企业文化的导向功能

　　企业文化的导向功能如图7-1所示。通过企业文化的塑造，员工可以在接受共同的价值观念的同时，自觉地将企业的目标作为自己的追求目标，并努力实现它。

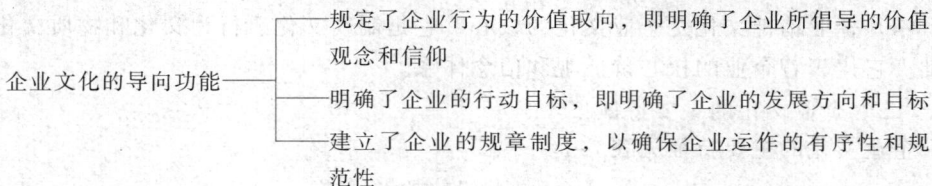

企业文化的导向功能————
— 规定了企业行为的价值取向，即明确了企业所倡导的价值观念和信仰
— 明确了企业的行动目标，即明确了企业的发展方向和目标
— 建立了企业的规章制度，以确保企业运作的有序性和规范性

图7-1　企业文化的导向功能

2.企业文化的凝聚功能

　　凝聚功能指的是企业文化通过沟通和引导企业员工的思想，使他们对企业的目标、准则和观念产生认同感，同时培养他们对本职工作的自豪感和对企业的归属感。这种凝聚功能大大增强了员工的"主人翁"意识，进而形成了强大的凝聚力和向心力。

　　企业文化的凝聚功能还可以从排外性方面来反映。面对外部的竞争和压力，员工在形成对企业群体的依赖的同时，也被促使着凝聚在企业群体中，形成一种"命运共同体"。这种内部的统一和团结大大增强了企业在竞争中的力量。

3.企业文化的激励功能

　　企业文化的激励功能如图7-2所示。在优秀的企业文化激励下，员工会积极工作，投入到集体事业中，共同创造和分享企业的荣誉和成果，同时满足自我实现和其他高层次精神需求，从中获得激励。

```
                 ┌─ 信任鼓励 ─ 通过让员工感受到上级对他们的信任，可以最大限度地激发他
企业文化的                    们的智慧和才能
激励功能
                             了解员工的家庭和思想情况，帮助他们解决工作和生活上的困
                 └─ 关心鼓励 ─ 难，以此建立员工对企业的依赖感，让员工充分感到企业的
                             温暖，从而激发他们为企业全力以赴
```

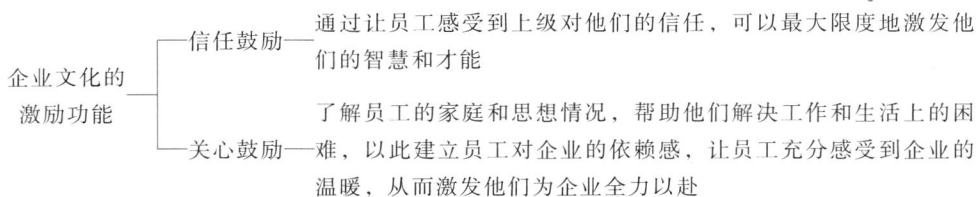

图7-2　企业文化的激励功能

4.企业文化的约束功能

企业文化的约束功能主要通过制度文化和道德规范发挥作用。企业为了保持正常的生产经营，必须制定必要的规章制度来规范员工的行为，实施硬性约束。除了这方面，企业文化的约束功能还强调通过无形的群体意识、社会舆论、共同的习俗和风尚等精神因素，在组织群体中培养与制度约束相协调的环境氛围，形成文化上的约束力量，对员工行为起到约束作用，这就是软性约束。

企业文化以潜移默化的方式，塑造了一种群体道德规范和行为准则。一旦出现违背企业文化的言行，就会受到群体舆论和感情压力的无形约束，使员工产生自我约束的意识。这种内在的自我约束使员工能够自律，遵守企业的价值观和行为规范。

5.企业文化的协调功能

通过企业文化管理，员工共同形成了一致的价值观念，增进了彼此之间的理解，建立了共同的语言和信任，营造了良好的文化氛围。这种氛围使得员工在沟通和交流时更加顺畅，减少了冲突和矛盾，促进了企业内外的紧密合作和和谐关系。同时，企业文化管理不仅在企业内部充当着"协调者"的角色，还能够优化企业与顾客、合作伙伴以及社会的关系，使之达到最佳状态。

6.企业文化的辐射功能

企业文化的辐射功能主要通过塑造和传播企业形象来实现。优秀的企业文化通过与外界的各种接触，如业务洽谈、经济往来、新闻发布、社会活动和公共关系活动，甚至产品和员工在社会上的言行，向社会传达企业成功的管理风格、良好的经营状况和积极的精神风貌。这样能够塑造企业的整体形象，树立信誉，并扩大企业的影响力。

7.企业文化的教化功能

企业文化管理具有提升人员素质的教育功能。它可以激发人们树立崇高的理想，培养高尚的道德品质，锻炼意志，净化心灵。通过企业文化管理，人们可以学习与人相处的艺术，学习生产经营和管理的知识与经验，提升自身能力，促进全面发展。这种管理方式能够为员工提供良好的成长环境，使他们成为更加优秀和全面发展的个体。

📖 小思考7-1

为什么说企业文化是企业生命的基因？

（四）企业文化的基本体系

1.企业价值观

企业价值观作为企业文化的内核，在企业经营管理中发挥着重要作用，如图7-3所示。

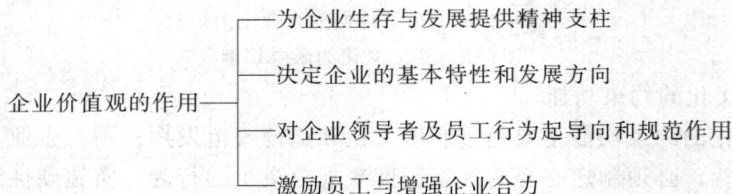

企业价值观的作用————为企业生存与发展提供精神支柱

决定企业的基本特性和发展方向

对企业领导者及员工行为起导向和规范作用

激励员工与增强企业合力

图7-3 企业价值观的作用

（1）企业价值观的构成如图7-4所示。

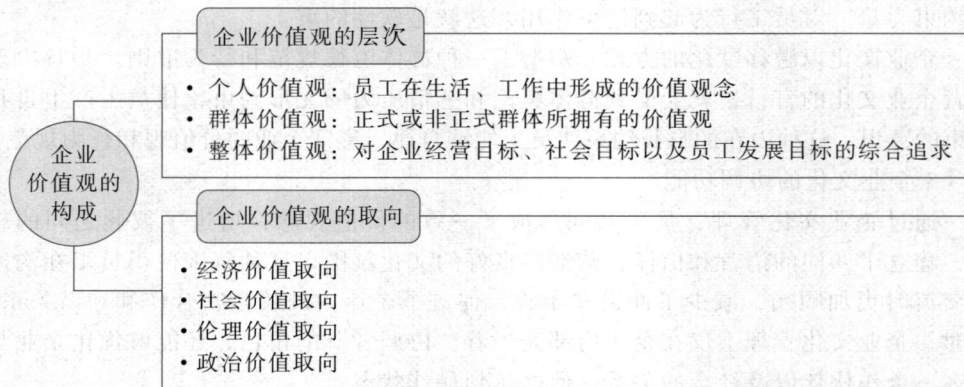

企业价值观的构成

企业价值观的层次
- 个人价值观：员工在生活、工作中形成的价值观念
- 群体价值观：正式或非正式群体所拥有的价值观
- 整体价值观：对企业经营目标、社会目标以及员工发展目标的综合追求

企业价值观的取向
- 经济价值取向
- 社会价值取向
- 伦理价值取向
- 政治价值取向

图7-4 企业价值观的构成

（2）培养现代企业价值观，如图7-5所示。培养企业价值观要求企业遵循员工和群体心理活动规律，并正确处理一系列关系，包括企业内部因素与外部环境、企业整体与员工个人、企业与社会、传统文化与时代精神以及现实与未来等。

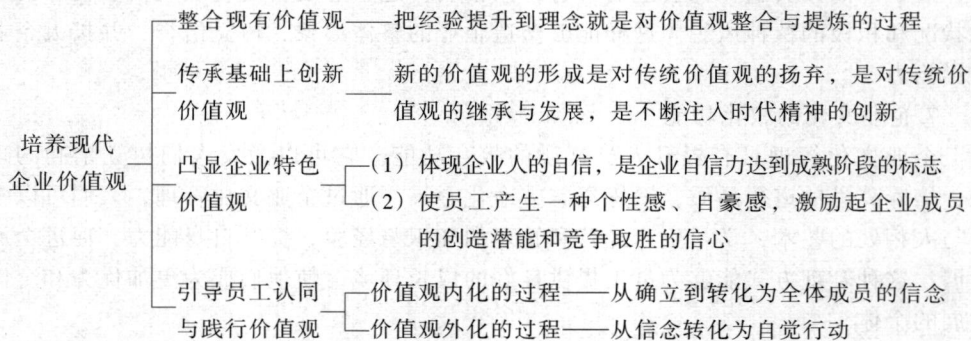

培养现代企业价值观

整合现有价值观————把经验提升到理念就是对价值观整合与提炼的过程

传承基础上创新价值观————新的价值观的形成是对传统价值观的扬弃，是对传统价值观的继承与发展，是不断注入时代精神的创新

凸显企业特色价值观————（1）体现企业人的自信，是企业自信力达到成熟阶段的标志

（2）使员工产生一种个性感、自豪感，激励起企业成员的创造潜能和竞争取胜的信心

引导员工认同与践行价值观————价值观内化的过程——从确立到转化为全体成员的信念

价值观外化的过程——从信念转化为自觉行动

图7-5 培养现代企业价值观

2.企业精神

企业精神与企业价值观密切相关，它是对企业价值观的个性表达。它能够将抽

象的企业价值观转化为具体的信念，对于增强企业的凝聚力和向心力起到重要的引导和激励作用。

（1）先进企业的共同精神追求。目前，世界各国先进的企业都非常注重培育企业精神。从这些企业精神的内容来看，它们主张参与、协作、奉献、竞争和创新，已经成为现代企业精神的主导意识。这些经验可以作为企业在提炼自身企业精神时的参考。

（2）企业精神的个性表达，如图7-6所示。

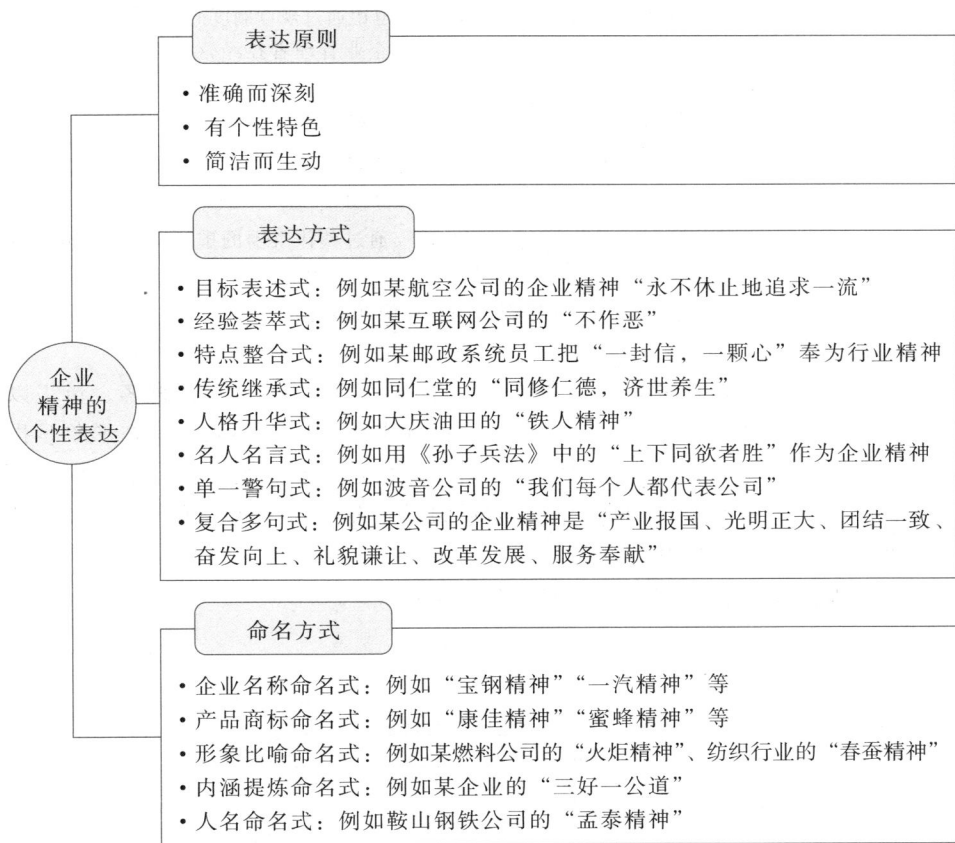

图7-6　企业精神的个性表达

3.企业伦理道德

（1）企业伦理道德建设的内容。企业伦理道德建设的具体内容有：①企业与员工之间的道德规范；②管理者与普通员工之间的道德规范；③员工之间的道德规范；④企业与股东之间的道德规范；⑤企业与社会之间的道德规范。

（2）建设新型的企业伦理道德。企业伦理道德建设是一个长期的过程，需要企业将精神文明建设和思想政治工作创新结合起来。企业应该制订长期规划，并作出积极努力，如图7-7所示。

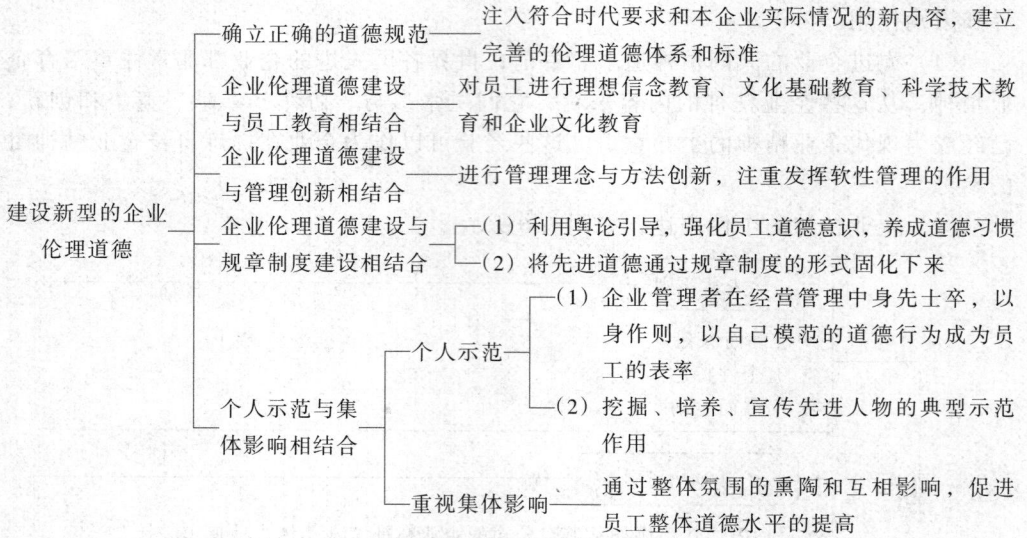

图7-7　建设新型的企业伦理道德

4.企业形象

企业形象是指企业在顾客和社会公众心目中的总体印象，包括顾客、员工以及社会公众对企业的认识和评价。它可以分为内在形象和外在形象。内在形象是指企业在员工心目中的形象，它直接影响员工对工作的选择和态度。外在形象则是指企业在外部公众和消费者心目中的形象，它反映了企业的知名度、美誉度以及外部公众和消费者对企业的信任和忠诚度。

（1）企业形象的特征和功能，如图7-8所示。

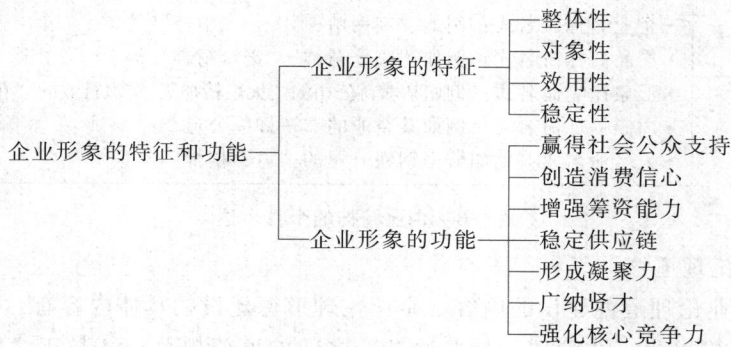

图7-8　企业形象的特征和功能

（2）企业形象的构成要素。企业形象的构成要素包括理念、产品、服务、员工、经营管理、公共关系、环境和作风形象等。这些要素共同构成了企业的形象内容。

（3）塑造鲜亮的企业形象。塑造企业形象实践中应坚持以下三条原则：①差别化原则；②整体性原则；③战略性原则。

案例7-1　　　　　　　　　　砸出来的海尔企业文化

当海尔还是一家小冰箱厂时，张瑞敏因为质量问题，砸了一批质量不合格的冰箱。当时，整个家电市场处于供不应求的短缺状态，砸冰箱而不是返厂维修，显得那么不近乎人情，似乎也没有道理。当员工们含泪看着张瑞敏亲自带头把有缺陷的76台电冰箱砸碎之后，内心受到的震撼是巨大的，他们对"有缺陷的产品就是废品"有了刻骨铭心的理解与记忆，对"品牌"与"饭碗"之间的关系有了更切身的感受。张瑞敏并没有因此而止，也没有把管理停留在"对责任人进行经济惩罚"这一传统手段上，他充分利用这一事件，将管理理念渗透到每一位员工的心里，再将理念外化为制度，构造成机制。海尔砸冰箱体现了领导层的管理思想，也表现出了海尔的企业文化"真诚到永远"深入人心。

分析：

领导人就应该不因小利而毁掉企业文化，要用更长远的眼光看问题。冰箱确实砸了，不仅砸了，而且砸出了满城风雨，砸得沸沸扬扬，砸上了媒体，砸进了每个海尔人的心里，砸出了海尔的企业文化观，也砸出了消费者对海尔的信赖。

资料来源：刘磊. 现代企业管理［M］. 3版. 北京：北京大学出版社，2019. 作者有删改。

二、现代企业文化建设

（一）企业文化分析

（1）对企业的经营特点进行分析，以了解企业在所处行业中的地位和生产经营情况。

（2）对企业的管理水平和特色进行分析，重点研究企业内部的运行机制，包括企业的管理思路、核心管理理念以及现有管理理念和主要弊端。

（3）分析企业文化的建设情况，评估领导层和员工对企业文化的重视程度。

（4）逐项分析企业文化的各个方面，包括企业的理念、风格和员工行为规范等具体内容。

通过综合分析以上四个方面的内容，我们可以对当前企业文化的状况有一个全面的了解，进一步了解员工的基本素质，以及把握企业战略和企业文化之间的关系。同时，我们也能够分析出企业所急需解决的问题以及未来发展的障碍。这样的分析为我们设计企业文化提供了充分的准备。

（二）企业文化设计

企业文化设计中最重要也最具挑战的是企业理念体系的设计，它对企业文化的整体效果起决定性作用。理念体系主要包括企业愿景、企业哲学、核心价值观、经营理念、企业精神、企业作风和企业道德等要素。这些要素在企业理念中有着内在的逻辑关系，设计时需要保持内部的一致性。企业愿景描述了企业的奋斗目标，回答了企业存在的理由；企业哲学对企业内部动力和外部环境进行哲学思考；核心价值观解释了企业的判断标准，是企业的集体表态；经营理念为企业持续经营提供指导思想；企业精神体现了全体员工的精神风貌；企业作风和企业道德对每位员工形成无形的约束。所有这些内容相辅相成，构成一个完整的理念体系。

（三）企业文化实施

企业文化的实施阶段实际上是企业的一次变革过程，通过这种变革，可以弘扬企业的优良传统并纠正存在的问题。一般而言，企业文化的变革与实施可以分为导入阶段、变革阶段、制度化阶段和评估总结阶段。

（1）导入阶段即勒温模型的解冻期。

（2）变革阶段是企业文化建设工作的关键。

（3）制度化阶段是企业文化变革的巩固阶段。

（4）评估总结阶段是企业文化建设阶段性的总结。

小思考7-2

如何打造具有创新、协调和绿色意识的企业文化？

三、企业文化的创新与发展

（一）创新与变革文化

创新与变革文化是企业危机意识、生存意识和发展意识的核心体现。它涵盖了广泛的内容，既包括技术、产品、市场和经营方式的创新与变革，也包括管理组织、制度、手段和方法的创新与变革。在企业体制机制改革、资本重组和并购中，除了关注资本、技术、业务和管理的改革和重组外，更需要重视文化的创新与变革。文化的创新与变革是企业改革和重组成功的前提和关键。

（二）人本与能本文化

人本价值观仍然是未来企业文化的主旨和主旋律。人本价值观就是坚持以人为中心，以文化人。其具体内涵是：①树立人的生命本位意识。②尊重人的人格与尊严。③重视人的自我价值。④体现人的主体地位。⑤促进人的全面发展。

"能本"价值观旨在实现个人能力的最大发挥，不仅要充分利用已有的能力，还要发掘个人未曾使用过的潜能。通过学习和提升，不断增强自身能力，成为解决特定问题的专家。对于企业而言，要合理利用员工的能力，开发他们的潜力，科学配置人力资源，并积极培养员工的能力，使个人价值与企业价值相统一。基于人本价值观形成的"能本"价值观有助于增强企业的整体创造力，提高效率和效益，从而形成竞争优势。

（三）差别与竞争文化

竞争是企业发展的推动力，而竞争文化则是与"能本"文化相协调的一种企业文化。差异化和竞争文化代表了企业文化创新的重要方向。在企业中，这种文化能够充分激励那些能力强、贡献大的人，同时对于那些能力较弱、贡献较小的人进行鞭策。这样做可以激发员工的进取心、竞争精神、卓越精神和学习精神，使企业充满活力和生机。

（四）学习与超越文化

学习与超越是未来企业最重要的价值观之一。它对于企业是否能够适应不断变化的外部环境，跟上时代的步伐，以及创造竞争优势来说，具有决定性的意义。

（五）虚拟与借力文化

倡导虚拟与借力文化，实际上是倡导企业专注于培养核心能力，集中精力和资源，准确定位市场，专注于开发自身具有优势和潜力的产品或服务。并且，要将其做到精、深、透，使之在市场上具有竞争力和影响力，避免经营中的过度多样化和多元化。这意味着我们要摆脱"大而全"、"小而全"模式中的"产供销一条龙""科工贸一体化""集团"等陷阱，从而在专注和借力的过程中实现企业价值。

（六）速度与效率文化

在追求速度和效率的文化引导下，企业需要进行组织创新，建立高效的组织运行机制，并通过业务流程再造来提高产品质量、服务质量、客户满意度和效益。同时，通过人力资源开发和科学管理，鼓励员工学习现代科学文化知识，掌握先进的工作技能和方法，加快工作节奏，提高工作效率。

（七）和谐与共享文化

和谐与共享文化使企业能够真正面向社会。它建立在实现自身和谐的基础上，与投资者、竞争对手、供应商、经销商、顾客、金融机构以及其他社会成员建立和谐关系，同时与自然环境保持和谐。在这种和谐中，企业能够实现价值的共同增长。

（八）信用与责任文化

信用是企业开展业务和实现发展的基础。信用也是企业文化的底线，体现了企业对诚信的坚守。在遵守信用的前提下承担社会责任，是企业文化管理的基本要求。企业承担社会责任不仅是企业社会性的体现，也是市场经济伦理的基本要求。

第二节 跨文化管理

一、跨文化管理概述

（一）跨文化管理的含义

跨文化管理是指在企业经营过程中，处理和解决来自不同文化之间的管理冲突和摩擦，以促进沟通、调解、包容和融合。跨文化管理的核心任务是化解文化冲突，共同建设和分享新的企业文化。

（二）跨文化管理的原则

跨文化管理的原则见表7-2。

表7-2　　　　　　　　　　　　　跨文化管理的原则

原则	内容
文化宽容原则	要摒弃文化优越感，尊重其他国家的文化，保持宽容的态度，培养尊重、包容、平等和开放的跨文化心态，以及客观、无偏见的跨文化观念和意识，尊重和理解文化多样性
有的放矢原则	在进行跨文化管理时，要有具体目标和计划
借鉴与创新相结合原则	东西方企业管理文化可以相互借鉴，但在借鉴外来优秀文化时，要避免简单照搬，要根据企业的实际情况进行吸收和创新，不断弘扬传统文化的积极成分，形成与时俱进的企业经营理念，并整合出具有本企业特色的文化
全球化与本土化相结合原则	在跨文化管理中，应遵循"思维全球化，行动本地化"的原则。通过全球化策略，可以实现全球范围内的资源共享。而本土化策略则能够使企业的产品更好地被消费者接受，有利于企业开拓市场，并更好地实现企业文化的真正融合

二、跨文化冲突与跨文化管理

（一）跨文化冲突

跨文化冲突产生的原因包括种族优越感、管理习惯不当、感性认识差异、沟通误会和文化态度等因素。从跨国经营的角度看，跨文化冲突是国际企业经理人员在不同文化背景下经营管理时必须避免和妥善解决的问题；否则，跨文化冲突会导致文化困惑，并进一步加剧跨文化冲突。这两者的相互影响可能会导致以下不良结果：①极度保守。②沟通中断。③非理性反应。④怀恨心理。

（二）跨文化管理

1.识别文化差异，发展文化认同

不同文化间的文化差异和摩擦程度及类型各不相同。为了应对这些差异，首先需要识别文化差异，并采取有针对性的措施。发展文化认同意味着必须建立跨文化沟通和理解的机制。在这方面，企业领导层需要有意识地建立各种正式和非正式、有形和无形的跨文化沟通组织和渠道。同时，跨国经营的管理人员也需要发展跨文化沟通和理解的技能与技巧。

2.开展跨文化培训

开展跨文化培训是有效预防和化解跨文化冲突的途径。跨文化培训的主要内容通常包括以下几个方面：对对方民族文化及原公司的认识和了解；培养对文化的敏感性和适应性；提供语言培训；培训跨文化沟通和冲突处理能力。

3.建立共同价值观，建设"合金"组织文化

通过识别文化差异和进行敏感性训练等方式，公司员工能够提高对文化的辨别和适应能力。在共同的文化认知基础上，根据环境需求和公司战略，建立起共同的价值观，形成一种"合金"组织文化。同时，通过文化的引导，个体和集体能够相互协调，从而减少跨文化冲突的发生。这样，每位员工都能够将自身的思想和行为与公司的经营业务和宗旨相结合，为公司在国际市场上树立良好声誉，增强企业的文化转型能力。

4.管理本土化

本土化战略的核心在于雇用本地员工并培养他们对公司的忠诚。其中，最关键的是聘用适任的本地经理，以有效避免跨文化冲突，并确保业务的顺利进行。

管理实践7-2

ABB公司的子公司遍布全球，然而，它自称为一家"多国籍"公司，鼓励子公司淡化母公司的民族背景，全面采用东道国本地公司的运营方式。这意味着根据不同国家的情况，依赖当地员工实施本地化管理，让优秀的本地人才参与各种管理活动，并持续提供提升他们管理能力的机会。只有这样，公司才能充满生机和活力。

资料来源：孙晓岭.组织行为学［M］.3版.北京：中国人民大学出版社，2018.作者有删改。

5.立足长期，实行互惠

在国际经营中，合作双方应该以共同利益为导向，保持真诚的合作态度。双方需要考虑整体利益，兼顾彼此的需求。建立长期的共同目标，而不是追求短期利益或频繁更换合作伙伴，才能实现双赢的目标。

实践演练7-1

宜家集团（IKEA）成立于1943年，如今是全球最大的家具生产和零售企业。

宜家的繁荣得益于多年来坚定不移的文化理念。宜家的企业文化具有非正式、注重成本、幽默和务实等特点，而平等主义则是其文化的核心之一。

宜家的全球化生产和销售已经进入成熟阶段，不再局限于其母国。公司在全球范围内推广其倡导的生活方式，并将产品视为传递公司文化的媒介，注重适应当地的生活方式和文化元素，融入产品设计。

请问：该案例带给我们的启示是什么？

资料来源：孙晓岭. 组织行为学 [M]. 3版. 北京：中国人民大学出版社，2018.作者有删改。

三、跨文化管理的策略

（一）本土化策略

本土化策略是指根据"思维全球化，行动本地化"的原则进行跨文化管理。在全球化经营中，企业在国外雇用当地员工是很重要的，因为他们熟悉当地的风俗习惯、市场动态和政府法规，并且更容易与当地消费者建立共识。雇用当地员工不仅可以节省成本，还有利于在当地市场拓展，并稳固企业在当地的地位。

（二）文化相容策略

文化相容策略可分为两种：平行相容和和平相容，见表7-3。

表7-3　　　　　　　　　　　　　　　文化相容策略

类别	内容
平行相容	平行相容策略是文化相容的最高形式，也被称为文化互补。在国外的子公司中，不以母国文化为主体，而是将母国文化和东道国文化互为补充，共同运行于公司的操作中。尽管母国文化和东道国文化存在巨大差异，但它们并不互相排斥，反而能够充分发挥跨文化的优势
和平相容	和平相容策略则是通过模糊文化差异，隐藏两者文化中最容易导致冲突的主体部分，保留相对平淡和微不足道的部分，使不同文化背景的人能够和谐共处在同一企业中。即使意见存在分歧，双方也可以通过努力达成妥协和协调

（三）文化创新策略

文化创新策略是将母公司的企业文化与国外分公司所在地的文化进行有效整合的策略。通过各种渠道促进不同文化之间的相互了解、适应和融合，从而在母公司文化和当地文化的基础上构建一种新型的企业文化。这种新型文化将成为国外分公司管理的基础。

（四）文化规避策略

文化规避策略是在母国文化与东道国文化存在巨大差异时采取的策略。尽管母国文化在整个公司运作中占主导地位，但不能忽视或冷落东道国文化。当母公司派遣管理人员到子公司时，他们应特别注意避免在双方文化存在重大差异的敏感领域引发文化冲突。

（五）文化渗透策略

文化渗透是一个需要长时间观察和培育的过程。文化渗透策略是指跨国公司派遣管理人员到东道国工作时，不能试图在短时间内强制当地员工遵循母国的人力资源管理模式。相反，应该利用母国强大的经济实力所形成的文化优势，逐步渗透母国文化给当地员工。通过不知不觉的方式，让母国文化深入人心，使东道国员工逐渐适应并成为该文化的执行者和维护者。

（六）借助第三方文化策略

跨国公司在其他国家和地区进行全球化经营时，由于母国文化和东道国文化之间存在巨大差异，跨国公司难以在短时间内完全适应这种完全陌生的经营环境。为了避免母国文化与东道国文化直接冲突，跨国公司通常采用借助第三方文化进行控制管理的策略。这种第三方文化相对中性，并且与母国文化达成一定共识，可以帮助跨国公司在东道国的子公司进行管理。

复习思考题

1.如何理解企业文化？

2.企业文化有哪些特征？

3.人本价值观的内涵是什么？

4.如何理解跨文化管理？

5.跨文化管理的策略有哪些？

第八章

数 字 化 管 理

■ 学习目标

　　全球经济正在经历重大变革，数字化技术为企业管理提供了新的思路和工具，推动了管理模式的创新和业务模式的变革，从而开辟新的发展空间和商机。数字化管理是利用信息技术和数据分析等数字化工具和方法，对企业的各个方面进行管理和决策，以提高效率和竞争力。在数字革命的大背景下，企业面临着更为复杂和不确定的产业环境，企业的战略决策、组织模式都会出现新变化。

　　通过本章的学习，应达到以下目标：

　　【思政目标】

　　※提升学生的数字化管理能力，为企业的可持续发展和社会进步作出积极贡献。

　　【知识目标】

　　※了解企业数字化的特点和典型形式、数字化的作用和影响。

　　※掌握数字化对企业管理决策、组织战略、人力资源管理、企业文化、供应链管理和客户关系管理的影响和作用。

　　【能力目标】

　　※能够接受数字化时代对企业管理的影响和挑战，具备适应数字化时代发展的能力和素养。

第一节　数 字 化 概 述

一、数字化的特点和典型形式

　　（一）企业数字化的特点

　　（1）数字化是以管理为基础，而不是以信息科学技术为根本。网络技术等仅是实现数字化的手段。领导者应该明确区分本质和手段，使数字化更好地促进管理。

（2）数字化的内容是不断变化更新的，因此数字化对管理的作用也是随时改变的。管理思想和方式要随着数字化的更新而更新。

（3）数字化在管理中的一个重要作用是实现信息共享。通过数字化的特点，将组织所需的准确信息传递给领导者。领导者可以对这些信息进行分析和整合，作出正确的决策。

（4）数字化建设是一项全面、系统的工程，涉及管理的各个方面。无论是计划、组织、领导还是控制，都与数字化相关。此外，还包括组织战略、财务和客户关系等方面。领导者需要综合协调各个方面，实现组织内外的有机结合。

（二）数字化与管理相结合的典型表现形式

数字化与管理相结合的典型表现形式见表8-1。

表8-1 数字化与管理相结合的典型表现形式

形式	内容
数据数字化	组织可以将内部的经营数据、盈利水平、费用控制、人事资料、规章制度等信息输入计算机，同时将市场调查、产品定位分析、竞争对手预测、供应商信息等外部联系状况存入计算机，实现数据的网络化和云存储
生产过程数字化	生产过程数字化方面，采用先进的信息技术应用于生产制造过程，实现智能化、自动化控制，解放了过去主要依靠人工操作的系统。这不仅提高了生产效率，还提高了产品的标准化和质量
设计数字化	设计数字化方面，主要是指对产品和组织流程的设计。例如，计算机辅助设计系统的广泛应用实现了产品的网络化虚拟设计，既节省了成本，又提高了设计质量
市场经营数字化	数字化时代打破了传统的地域性经营限制，特别是电子商务的兴起。企业可以通过网络平台与世界各地的商家合作，缩小了企业与客户之间的距离。企业可以根据客户的反馈及时调整经营方式和产品，实现灵活经营
管理数字化	除了依靠先进的管理理论指导，管理必须实现数字化，从根本上解决效率问题。例如，组织可以应用辅助决策系统、企业资源计划系统和供应链管理系统等，提高决策水平，真正实现通过管理提高效率

二、数字化的作用和影响

（一）数字化对组织发展的作用

1.降低企业成本，提高竞争力

数字化与组织各方面的活动相结合，不仅优化了组织结构，还显著降低了经济成本。通过计算机辅助设计和制造技术，组织能够大幅减少新产品研发和设计的费用，并在产品更新和替代时降低修改和增加新功能的成本。在生产制造方面，柔性生产线适应多种产品生产，数字化的库存控制实现最优存货量，既减少存货量又降低管理费用。在组织计划、决策、激励、沟通、反馈、人员和财务控制方面，采用计算机和网络技术可以提高质量和效率，降低管理成本。通过电子商务，组织之间可以快速准确地找到合作伙伴，打破地域限制，降低机会成本和交易成本。组织成本的降低主要归因于新技术的广泛应用和信息的开发整合，随着组织规模的扩大，将产生管理规模效应，提高组织的持久竞争力。

2.加快产品和技术创新，提高差异化

信息的广泛传递使得全球的知识和技术得以跨国和跨地域流动。一个国家或组织研发出新的科技或事物，其他国家或组织可以迅速跟上步伐进行创新。在企业层面，数字化加深了企业与供应商和客户的联系。多样化的沟通形式可以更完整、准确地表达双方的要求，使组织能够与他们建立高效、快速的联系。这样，组织能够更快、更深入地了解市场和消费者的动态。通过及时将这些动态变化提交给决策者，及时对产品进行再设计和创新，生产出满足消费者需求的产品，并提高产品的差异化特点，从而防止竞争对手的模仿。

3.提高组织的服务水平

组织的服务水平体现在内部和外部两个方面。现代管理强调将员工视为宝贵的资源而非工具，将他们视为合作伙伴而非被指挥的对象。要提高组织的服务水平，首先要提高对内部成员的服务水平，只有他们满意了才能提供让其他人满意的工作。数字化使得对内部成员的关怀和激励更加多样化，领导者可以通过电子邮件调动员工的工作激情，视频会议也为员工提供了更大的自由空间，这些都能提高员工的满意度。对于外部人员的服务，传统的面对面方式、电话咨询、服务网点已经不能满足需求，而互联网的应用使得企业可以使用更多的即时通信工具回应客户的反馈，还有电子邮件咨询和在线自助服务等，都提高了组织的服务水平。显然，数字化在组织发展方面的作用远不止这些，它将越来越重要，对管理工作的影响也将越来越大，必将成为提升组织竞争力的主要来源。

（二）数字化对组织外部环境的影响

数字化对组织外部环境的影响，见表8-2。

表8-2 　　　　　　　　　　数字化对组织外部环境的影响

项目	影响
数字化环境的形成	数字化的发展和网络的普及使得人与人之间的距离缩小，世界变得更加紧密。企业也意识到数字化的重要性，纷纷投入数字化建设，从而推动了数字化环境的形成。它们认识到自己所处的环境不仅仅是经济环境，还包括数字化环境与经济环境的融合

项目	影响
行业竞争结构的变化	数字化给企业带来了机遇和挑战。企业可以利用数字化提升竞争力，但同时也面临着挑战。信息的传递和共享提高了各个行业的透明度，竞争者和潜在进入者对市场有了更深入的了解，能够随时根据市场和竞争对手的变化采取应对措施。这使得许多企业面临被淘汰的风险。此外，客户和供应商也通过观察整个行业的动向，拥有了更多的信息，增强了他们在谈判时的议价能力。企业由以利润为导向逐渐转向以顾客为导向的经营方式
外部需求行为的改变	数字化已经成为大势所趋，网络已经渗透到普通人的生活中。电子商务的兴起不仅给企业带来了发展机会，也极大地方便了人们的生活。网络已经不再是年轻人的专属标签，而是大多数人生活中必不可少的一部分。人们逐渐从传统的消费方式转向网络消费方式，需求行为也发生了很大的改变
组织间合作方式的改变	数字化开辟了新的组织合作渠道，不再局限于签订合同和线下洽谈。通过广泛的在线信息流，组织可以更容易找到合适的合作伙伴，并以虚拟组织的形式存在。这种方式不仅简化了流程，缩短了交易时间，还能更快地将自己的价值链延伸到其他合作组织中

（三）数字化对组织内部的影响

数字化对组织内部的影响见表8-3。

表8-3　　　　　　　　　　数字化对组织内部的影响

项目	影响
管理思想的更新	数字化不仅改变了技术和生产方式，还改变了人们的思维方式和行为观念。在组织中，这主要体现在管理理念的变化。从工业社会到数字化社会，有许多管理理念应运而生。尽管有些管理理念仍在运用，但我们需要结合数字化社会的特点进行创新和改革，使其更好地为我们服务，成为行动的指导原则
组织结构的变革	传统的组织结构随着组织规模的扩大已经无法适应组织的发展。数字化使传统的等级组织逐渐向全员参与、水平组织和模块组织等新型组织方式转变。数字化打破了传统管理模式的限制，垂直层级中存在的许多中间层可以适当取消。因为上级可以通过数字化建立的新型组织直接向下属宣布决策、分派任务，组织朝着扁平化方向发展
增强管理功能	利用数字技术进行管理已成为现代管理的重要途径。通过数字化，各种管理职能可以结合起来，最大限度地发挥每种职能的作用，促进组织业务的良性重组，而不是孤立地看待每种职能。数字化还可以增强每种职能的作用，在原有功能的基础上进行扩展。例如，网络营销不仅包括产品销售，还包括品牌维护、客户反馈、售后服务等方面

项目	影响
管理方式的改变	管理方式是随着外部环境和内部状况的变化而变化的。在领导职能中，没有一种最佳的领导方式，最好的领导方式是根据情境而变化的权变领导方式。管理方式虽然与领导方式不完全相同，但与领导方式一样，必须根据情境的不同而变化。数字化下的管理方式更加多变、更具艺术性。管理者和下属之间的距离越来越近，组织内部的沟通和协调不再受地域和时间的限制

第二节　数字化与企业管理

一、数字化与企业内部管理

（一）数字化与管理决策

1.数字化对管理决策的预测导向作用

数字化对管理的预测导向作用主要表现在电子计算机能够集中大量的信息，并通过有针对性的筛选、整理和综合，找出对企业决策有帮助的信息。在作出决策时，通过综合筛选出的信息对决策结果进行预测，提前了解是否符合预期目标。此外，当面临难以作出决策的问题时，将信息转换为数字、图表等直观形式可以起到引导和促进决策的作用，避免盲目和主观因素导致决策错误。

2.数字化对管理决策的验证改进作用

通过数字化带来的大量信息不仅可以持续收集和监测市场和组织运行情况，还能快速准确地反馈给组织。这些反馈信息对决策者来说具有指导和参考价值。决策者可以将这些反馈信息与之前的预测进行对比，以验证当初的决策是否正确。通过这种对比，决策者可以识别问题和模糊之处，并对管理决策进行改进。然后，改进后的决策将被实施，并进入下一轮的验证和改进过程。这种数字化背景下的管理决策质量的提升是重要的。

3.数字化对管理决策的稳定、连续作用

在数字化时代，相对于传统时代，信息的提供更加完整和全面，不会因为信息缺失而导致决策的不稳定。尽管数字化增加了管理决策考虑的因素，但它也使决策更加具有针对性。一旦决策作出，就会进入信息跟踪阶段，特别是对影响决策的关键因素。通过及时的反馈，可以避免组织运营出现大的动荡，确保管理决策的稳定性和长期连续性。

4.数字化能够使管理决策成本降低、效率提高

在数字化时代和大数据时代，数据和信息在企业发展中扮演着越来越重要的角

色。企业能够保存大量有用的信息和数据，并对其进行归纳整理和分类存储。强大的搜索功能能够迅速准确地找到所需信息，从而节省了管理决策所需的人力和时间成本。同时，对于一些程序化决策，计算机程序的运行能够完美实现，减少了决策者花在不必要的事务上的精力和时间，提高了决策的效率。这样，决策者可以集中精力处理更多的不确定性决策。此外，数字化使决策方式更加民主，因为组织成员的眼界更加开阔，能够为决策者提供众多有价值的信息作参考。这在一定程度上提高了员工的参与度，并提高了决策效率。

（二）数字化与组织战略

数字化的发展可以影响组织战略的制定。首先，组织必须有良好的战略制定，这是数字化能够顺利发展的前提条件。如果缺乏战略方面的支持，数字化无法快速发展。其次，数字化已经成为组织战略制定的有力工具。没有数字化的帮助，组织很难制定出正确的战略。

数字化对战略的影响主要表现在一般战略和竞争战略两个方面。

在一般战略方面，纵向一体化战略和相关多元化战略是常用的战略。纵向一体化战略是指企业在现有生产基础上向上游和下游扩展供应链和销售服务的战略。相关多元化战略是指企业进入与现有业务相关的行业，共享生产资料和设备等，以谋求更多利润。然而，这两种战略的实施给管理带来了挑战。数字化的实施解决了这个问题。数字化带来的扁平化组织可以加大管理范围，减少管理层级，去除冗杂的机构，外包非核心工作，促进了纵向一体化战略的实施。相关多元化战略更多地转变为集中化战略。

在竞争战略方面，数字化对成本领先战略和差异化战略的影响非常重要。成本领先战略的核心是以低于竞争对手的成本来获得竞争优势。数字化对成本的影响主要体现在先进技术的应用带来的高效率，以及节省了企业收集资料所需的时间和管理成本等方面。从采购到销售的自动化过程为成本领先战略的实施奠定了基础。差异化战略是数字化的必然结果。在数字化时代，竞争更加激烈，企业可以反过来应用数字化，实现市场的精确细分、产品附加功能的设计和个性化产品等。

管理实践8-1

华为在2018年成功进入了千亿美元俱乐部，销售额超过1000亿美元。华为的愿景是以数字世界面向客户，将数字世界引入每个人、每个家庭和每个组织，构建万物互联的智能世界。为了实现这一愿景，华为推出了"数字行动计划"，展现了其决心。该计划的核心是链接、应用和技能这三个关键价值。华为通过"数字行动计划"将未来与自身紧密结合在一起。2019年6月，华为终端事业部宣布将实施"1+8+N全场景战略"。其中，"1个太阳"代表手机，"8个行星"代表平板、电视、音响、眼镜、手表、车机、耳机和个人电脑等八大业务,"N个行星"代表移动办公、智能家居、运动健康、影音娱乐和智能出行等延伸业务。华为通过"链接战略"帮助人们融入数字生活。

资料来源:陈春花. 价值共生:数字化时代的组织管理 [M]. 北京:人民邮电出版社,2021.作者有删改。

(三) 数字化与人力资源管理

1.数字化对绩效管理的影响

通过数字化建设,特别是建立绩效管理子系统,可以显著提高绩效考核的可信性和准确性。这个系统应该包含所有绩效管理的内容,包括详细的绩效考核细则、参数标准、员工任务记录和绩效评估等。

2.数字化对薪酬管理的影响

数字化不仅为薪酬管理带来了绩效结果的便利,还使薪酬管理变得多样化。目前,企业的薪酬管理应该追求多样化和丰富化,可以利用数字化工具如薪酬预测公式和员工福利测算模块,让员工参与自己薪酬的管理。例如,企业可以设定多种福利,员工根据个人需求选择适合自己的福利,并制订一定时期内的薪酬计划。传统的做法需要人力资源部门承担繁重的工作量,很难实现,但通过数字化,员工可以轻松地通过薪酬管理子系统选择合适的项目。

3.数字化对组织培训的影响

数字化对组织培训的影响主要体现在培训方式和内容上。企业可以通过网络视频教学和在线培训等方式,摆脱传统的开会培训形式,使培训更加有趣易接受,并且不受地域限制,给员工更大的自由和思维空间。在培训内容方面,企业不仅可以以计算机虚拟形式展示自身的企业文化、理念和经营方式,还可以借鉴同行业其他企业的优秀文化,使员工全面了解并提高应变能力。通过数字化建立培训资源管理,包括培训图书、视频、音频,以及培训主题、内容、讲师和考核题库等,既方便员工查询资料,又节省了组织的培训费用。

(四) 数字化与企业文化

1.对企业物质文化的影响

企业数字化的实施首先作用的就是物质文化,如图8-1所示。

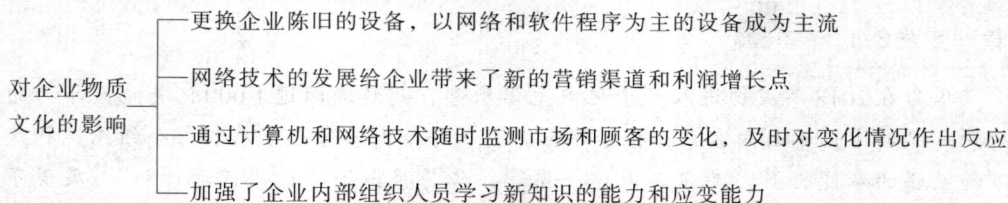

对企业物质文化的影响
- 更换企业陈旧的设备,以网络和软件程序为主的设备成为主流
- 网络技术的发展给企业带来了新的营销渠道和利润增长点
- 通过计算机和网络技术随时监测市场和顾客的变化,及时对变化情况作出反应
- 加强了企业内部组织人员学习新知识的能力和应变能力

图8-1 数字化对企业物质文化的影响

2.数字化对企业行为文化的变革

数字化对员工的日常行为产生了重大影响。员工可以利用互联网进行聊天和

娱乐，增加彼此之间的互动机会。他们可以上网浏览企业的动态信息和市场行情的变化，关注各大新闻媒体的报道，及时了解行业内外以及国家政策的变化。当企业推行新技术或新模式时，员工需要相应地调整和改变自己的工作方式和行为。

3.数字化对企业制度文化的变革

企业制度文化涵盖企业组织结构、企业领导体制和企业管理制度三个方面。首先，数字化使企业的组织结构变得更加简洁。其次，企业领导体制也随着组织结构的变化而变化。最后，数字化环境下员工的行为方式和思维习惯发生了变化，因此企业需要重新制定管理制度以适应这种变化。

4.数字化对企业精神文化的变革

企业的精神文化受文化背景、社会环境的影响比较大，处于企业文化的核心地位。在数字化时代，要想彻底对企业文化实施变革就必须引领精神文化变革，推动其他文化的进一步变革。数字化时代各种新的经营理念相继出现，企业要想不被市场淘汰，就要努力更新自己的经营方式，引进先进的生产技术和设备，形成数字化的经营新理念。企业的价值观也要随之调整，数字化环境下的企业不再是一个只想着营利的组织，而要时刻关注市场和顾客的需求，以满足他们的需求为主，以顾客为主导，以服务社会为目标。企业要打破以往单打独斗的方式，增加与其他企业的合作和交流，在企业内部创造一种学习型组织，实现自我学习、自我赶超。数字化营造了一种奋发向上的精神氛围，加速了企业精神文化的变革。

二、数字化与企业外部管理

企业的管理可以按照内部管理和外部管理的不同模式进行划分。前文已经阐述了数字化对企业内部管理的影响，现在将重点讨论数字化对企业外部管理的作用，主要研究供应链管理和客户关系管理这两个方面。

（一）数字化与供应链管理

供应链是一个功能网络结构模式，围绕核心企业，通过控制信息流、物流和资金流实现从原材料采购到最终产品销售的全过程。供应链管理本身需要数字化的支持，因为数字化是供应链管理的基础。首先，供应链管理与数字化密不可分。要实现真正的供应链管理，需要数字化的支持。供应链涉及范围广泛，涉及多个企业，如果没有网络作为沟通和联系的手段，很难快速应对环境变化。其次，供应链中存在大量的数据和资料。如果仅依靠人工分析和整理，即使沟通顺畅，也很难正确作出决策。因此，供应链管理对数字化的需求显而易见，而数字化的建设又对供应链管理产生了许多影响。

1.数字化使供应链各环节发生变化

在供应链战略的实施中，通过广泛收集企业内外环境信息，并与各企业充分商讨，确定每个企业在适当的时间以适当的方式为整个供应链作出贡献，实现资源的充分利用。在分销渠道方面，数字化带来了高效的营销渠道，供应链企业可以共享客户资源，营销方式也从线下逐渐转向线上。利用数字化带来的先进技术，可以对库存和物流进行跟踪管理，企业可以根据及时信息合理控制库存，争取实现零库存管理，最大限度地降低成本。良好的信息传输使制造商能够更好地把握市场需求和产品动态，他们不仅可以通过互联网直接寻找经销商，还可以直接寻找最终客户。数字化拉近了制造商与消费者之间的距离，改变了产品和服务的流通方式，对传统供应链构成产生了冲击。经销商面临着更大的挑战，需要与其他经销商和制造商展开竞争，从而改变了整个供应链的供需关系。对于供应链的输出端即顾客来说，数字化要求产品质量和附加功能更高，顾客不仅关注产品本身，还关注产品的制造流程和配送等必要信息。

2.数字化使供应链特征发生变化

在数字化的支持下，供应链得以建立，并随着数字化的发展而不断变化。数字化使企业的信息更加透明，企业与顾客的距离也更近，每个企业的供应商和客户数量也比以前增加。供应链变得更加动态和交叉重叠，以满足顾客需求为主导的方式得到加强。在线合作形成了虚拟供应链，利用数字化在网上进行合作，参与企业能够快速共享产品、库存、物流等信息，并根据这些信息调整计划，不断提高竞争力。在数字化环境下，供应链将以满足客户个性化需求为主，并具有更大的可伸缩性和弹性，注重企业间和跨行业的价值链建设，建立新型的供应链系统。

3.数字化使供应链实现信息共享

在供应链内部形成信息共享的机制，这些信息经过每个企业认真整理和分析，解决了信息不确定性的问题。例如，可以利用可扩展标记语言技术在供应链系统中建立私有网络系统，整合各个企业内部和外部收集到的信息。供应链中的企业可以利用这些信息进行协作，通过网络技术将供应商、制造商、经销商、设计师和营销人员等各方集结起来，共同设计产品。这种网络协作设计不仅大大节省了成本，还降低了设计的复杂性，确保在最短的时间内设计出个性化且满足顾客需求的产品。

知识链接8-1

客户关系管理
的四个阶段

（二）数字化与客户关系管理

客户关系管理的核心思想是将客户视为企业发展的基础，通过提供满足客户需求的产品和服务，分析每个客户的个性化需求，并为他们提供个性化定制，以提高客户的忠诚度和满意度，确保客户具有长期价值，从而促进企业的长期稳定发展。

1.数字化能够提升客户服务质量

数字化技术能够及时了解客户的动态和需求，分析他们对现有产品的态度和对新产品的反应。对于有意见或反应异常的客户，需要进行细致的分析，借助计算机图表和数据的帮助，找出原因，并及时与顾客沟通，确保他们真正了解产品和服务。此外，企业应以拥有的客户信息为主，利用计算机软件设定程序和参数，实现对客户群体的细分。这种群体细分要比以往更深入，借助计算机可以邀请客户进行网上模拟购物测试、个性测试和需求测试，以更全面地了解顾客，切实满足他们真正的需求，提供个性化服务，培养顾客的忠诚度。

2.数字化能够激发顾客的潜在需求

客户关系管理是能激发顾客潜在需求的方法之一，通过客户关系的良好建立，企业对顾客越来越了解，知道他们需要什么样的产品和服务，而顾客在接受企业良好的产品和服务的过程中越来越信任企业，愿意和企业合作，企业每推出新的产品和服务顾客都会关注。这样就会慢慢激发顾客的潜在需求，增加企业的销售额，同时也提高顾客对企业的满意度。

3.数字化能够实现虚拟客户关系

数字化时代的交流和沟通方式发生了巨大变化，特别是网络购物和电子商务的兴起，彻底改变了人们的消费观念和习惯。对企业而言，这既是机遇又是挑战。企业必须充分认识到这种趋势，并迅速在市场中占据份额。在电子商务中，企业与顾客的交流主要通过在线聊天工具或邮件传递等方式进行。企业必须掌握网络沟通技巧，例如适当使用网络用语等，以便与顾客建立良好的关系。当顾客在网上下订单时，就将个人信息交给了企业，这时企业需要收集和分析这些信息，类似于传统的客户关系管理流程，不同之处在于最后一个阶段是实施具体活动的阶段。由于网络客户分布在不同地区，企业很难召集他们参加具体的活动。但通过数字化手段，可以为顾客提供个性化设计和服务，例如在线设计和免费邮寄试用新产品，通过这种网络联系建立虚拟的客户关系，这是数字化主导下客户关系管理的新发展。

客户关系管理将成为企业增加销售额、扩大生产和持久发展的保障。利用数字化和客户关系管理系统，企业能够科学有效地分析客户，并采取有针对性的措施，提供更加满意和周到的服务，真正实现以客户为导向的经营理念。

小思考8-1

数字化技术对客户关系管理和个性化营销有何影响？

复习思考题

1.企业数字化的特点有哪些？
2.数字化与管理相结合的典型表现形式有哪些？
3.数字化对组织发展的作用有哪些？

4.数字化与管理决策有哪些联系？

5.数字化对组织战略的影响表现在哪些方面？

6.数字化对企业外部管理有哪些作用？

主要参考文献

［1］张永良．管理学基础［M］．北京：北京理工大学出版社，2018．

［2］李海峰，张莹，杨维霞，等．管理学［M］．北京：人民邮电出版社，2018．

［3］毛蕴诗．工商管理前沿专题［M］．北京：清华大学出版社，2018．

［4］方振邦，黄玉玲．管理学［M］．北京：人民邮电出版社，2017．

［5］陈春花．价值共生：数字化时代的组织管理［M］．北京：人民邮电出版社，2021．

［6］陈文汉．管理学基础［M］．3版．北京：中国人民大学出版社，2020．

［7］周新刚，肖小红．工商管理学科导论［M］．北京：科学出版社，2023．

［8］胡宁．工商管理企业分析与共享案例［M］．北京：经济管理出版社，2019．

［9］万胤岳．企业信息化战略规划的分析框架模型［J］．山西财经大学学报，2022，44（S1）：23-25．

［10］王吉鹏．企业文化建设［M］．6版．北京：中国人民大学出版社，2022．